おさよさん流

＼お母さん仕事がラクになる！／

がんばらなくてもキレイが続く

家事のくふう

おさよさん

SB Creative

はじめに

結婚するまで、料理、片づけ、掃除、裁縫、すべてが苦手。加えてのんびりした性格で、ひとつひとつの作業に時間がかかる。夕方仕事を終えて買い物をし、夕飯を作って食卓につくのはどうがんばっても21時を超えてしまう――そんな私が、結婚後ほどなくしてお母さんになりました。

どうすれば、家事は上達するのだろう？　いいお母さんになれるのだろう？

そう思う気持ちは強いのに、産後に体調を崩し、体も心もくたびれてうまく動けなくなりました。コンビニで開いた雑誌、散歩に出かけた公園、すれ違った目に入ってくるすべてのお母さんが、輝いてイキイキしていて、素敵な「いいお母さん」に見えました。

そのころの私は、産後貧血もあり四六時中真っ青な顔。肌は皮膚科にお世話になるまでに荒れてしまい、初めて会った人と目を合わせて会話することも気が引けました。

子育てはまわりと比べないこと――子育て雑誌には、そうありました。

でも、当時の私はどうしてもまわりと比べてしまい、情けなくて子どもに申し訳ない気持ちでいっぱいでした。

迷いの中にあったある日、いつものように公園で遊んでいると、少しずつ単語を覚え始めた息子が、私のもとに駆け寄ってきて拙い調子で言いました。

「ママ、だいすき。かわいいね」

子どもの言葉は、いつも純粋でまっすぐでした。「だいすき」「かわいい」は私がよく息子に言っていたから覚えたよう。

成長する息子との、二度と来ないかけがえのない日々。そんな日々の中で、私は「できない」ことばかりを見過ぎていました。〝いいお母さん〟は私の勝手な妄想にすぎず、子どもにとっては、今目の前にいる私との時間が大事――。「家事が苦手な自分を楽しんでみようか」。そんなふうに思えたときから、少しずつ、心が軽くなっていったように思います。

お母さんは誰だって、今日も一日子どもを愛し、守り、育んでいる。それだけでもう十分だと思うのです。

子育てが始まると、24時間ってなんて短いのだろうと思うようになりますよね。私も、今この本を手に取ってくださったお母さんも、高速で過ぎていく日々をともに生きる仲間です。暮らし方は家族の数だけあり、〝くふう〟のしがいも同じだけあります。この本を読んで、少しでも工夫する楽しさ、豊かさを感じていただけたら幸いです。

90

目次

Part 1 みんなが家事に参加したくなるお片づけ

Part 2

気づいたらいつもキレイ わが家の掃除ルール

Part 3

疲れていてもラクにおいしく毎日の食卓づくり

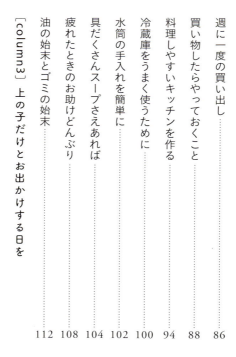

Part 4

することを選び取る時間の使い方

Part 1

みんなが家事に
参加したくなるお片づけ

片づけてもすぐに元に戻ってしまうのはどうして？

片づけられ、きれいに掃除された部屋が好きです。きっと皆さんそうですよね。でも、以前の私は、休日の丸一日を片づけと掃除に費やしても、数日すれば元通りの散らかった部屋に。「あんなにがんばったのに、どうしてだろう？」と不思議に思っていましたが、今となってはその理由がわかります。

そのころの私がしていた〝片づけ〟とは、ものをただ詰め込むだけの作業だったのです。そこには、「生活する動線に合わせて」とか、「ものを取り出しやすく」「ひと目見てわかるように」といった視点が欠けていました。すき間があれば詰め込んでいたため、しょっちゅう使うようなものでも、「扉を開けて→引き出しも開けて→手前にあるものをどかして→ようやく取る」というように、手数がかかっていました。戻すときも大変なので、元の状態にはなかなか戻りません。夫からも「あれはどこにある？」と聞かれてばかり。聞かれた私もわからないので、一緒に探さなくてはなりませんでした。

子どもが生まれてからは、週末の丸一日を片づけにあてるような時間はとれなくなりました。しかも、育児グッズで物量はさらに増え、ものの管理は以前

keep
life
simple

より大変に。何がどこにあるかわからない、ほしいものがすぐに取り出せないといった状態が、育児と生活の足を引っ張っているのを感じました。家の中のことを、根本的に見直す必要があったのです。

はじめに注目したのは、大量にあった洗剤類でした。当時は「洗面所用」「トイレ用」「窓用」など用途別に買い揃え、洗面台の下に置いていました。中には一度使ったきりで奥のほうにしまいっぱなしになっているものや、液だれし、パッケージがふやけて文字が読めなくなっているものもありました。

見直しに当たり、まずは洗剤類をすべて棚から出し、本当に使うものだけを残して処分しました。そして、細かく用途の分かれた洗剤ではなく、どこにでも使える汎用性の高いものを、数を絞って持つことに決めました。掃除についてはＰａｒｔ２で詳しくお話ししますが、普段使いの洗剤は実は2種類だけあれば事足りるということに気づいてから、掃除はずっと気軽なものになりました。

私は買い物が大好きなんだ

持ちすぎているがために、かえって使えないことがある。大量の洗剤で思い知った事実でしたが、それはほかのものでも言えることでした。収納の中がギュウギュウで、ちょっとしたものもサッと使うことができない。お腹には二

人目の赤ちゃんが来てくれたというのに、そのために買ってきた新しいものを入れるすき間もない！　そこで、洗剤同様に家中のあちらこちらでものを整理し、使わないものを処分していきました。

ここに至って、私は「買う」という行為が大好きなんだと気づきました。もちろん、買い物自体が悪いわけではありません。ただ、家の中のものを処分しながらつくづく感じたのは、買ったものは〝管理〟しなければならないということ、そして、ものを買って家に入れるのは簡単ですが、捨てて家から出すのは、とても難しいということです。

今は、買い物のときに「かわいい、ほしいな」と思っても、すぐに飛びつかないように心がけています。失敗することもあるのですが、意識しておくだけでも家に入ってくる物量はだいぶ違ってきます。ものの量を見直し、家に入れるものを意識して選ぶようになったことで、家事育児にかかる負担や、夫の「あれどこ？」は減っていきました。夫は「ものがどこにあるかわかりやすい」と言ってくれ、たとえ収納場所を変えても自然に見つけてくれています。

子どもとの暮らしなので、〝いつでも片づいた状態〟を維持することはできません。でも、散らかった後の片づけがしやすいように工夫されていれば、心にゆとりが生まれます。子どもが思いっきり散らかして遊んでいるのを見ても、ため息をつくことなく見守れるようになりました。

「動線」で考える収納ってこういうこと

とくに育児期は、動線を考えた収納がとても助かります。

子どもにとって「すべきこと」は大人が思うほど簡単にはできません。それは登園準備であったり、着替えなどの身支度であったり、遊んだもののお片づけであったり。大人は「早くして」「ちゃんとやって」と思うけれど、あちらこちらに好奇心旺盛な子どもたちにとっては大仕事。子どもの動線に沿ってものを配置してあげることは、大きなサポートになります。

それはもちろん、大人にとっても同じこと。たとえば一日の中で最も慌ただしい朝。必要なものが通り道にないために、行ったり来たり大変さが増していることもあります。

以前は、虫刺されの薬やマスクが入った「お出かけ用ポーチ」をリビングの扉つき物入れの中に置いていました。でも、パッと出かけようと思ったとき、リビングに戻らなくてはなりません。そこで、ポーチの定位置を玄関へと移しました。

たった数メートル置き場所を移動させただけですが、これは出かける前の忙しい時間帯にとても効果的でした。自分の行動する道筋に、その行動に必要なものがあるか。そんなことが、ものの置き場所を決めるときの基準になっています。

大切に思うのは、一度「ここに置けば便利かな」と思っても、生活しながら「やっぱりこっちかな」と改善していくこと。「もっといい置き場所はないかな」と考えながら暮らしています。

ハンカチ、ティッシュ、お出かけ用ポーチ、腕時計など、出かけるときに必要なものは、靴箱の横のカゴにまとめて。

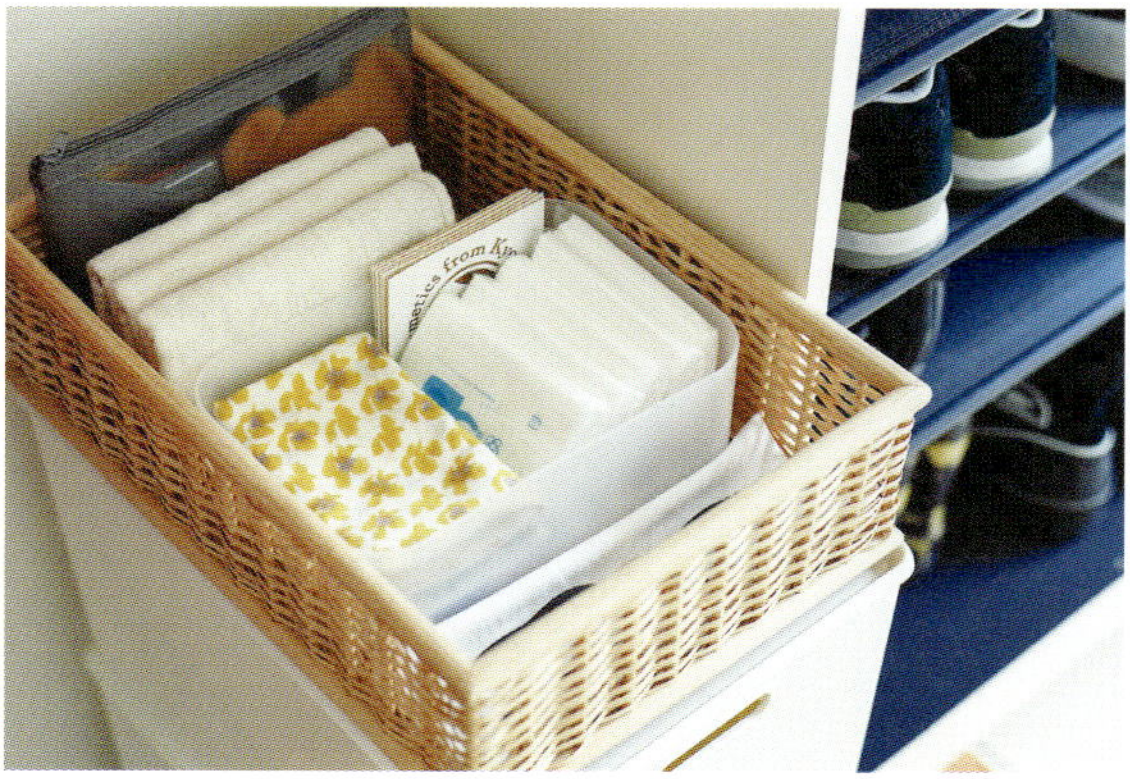

わが家の玄関。子どもが「靴箱の開け閉めがしにくいな」と言うので、迷った末に扉を取りはずしましたが、これはわが家にとって正解でした。

出かけるときに使うものは玄関に

子どもが手に取りやすい位置に、帽子、かばん、上着、水筒ケースを吊るしています。上着はハンガーよりもフックに引っかけるだけのほうが簡単。

扉がないと一覧できるので、これまで同じ靴ばかりを履いていた夫も、違う靴の登場回数が増えました。通気性がよく臭いもこもらないので、たまにアルコールをかけてそのまま収納しています。

紙袋の定位置は玄関の戸棚の中。人に何かを渡すときにサッと出したり、出かけるときに取ったり。量が増えすぎないように、ボックスに入るだけと決めています。たたんでだいたい大きさ順に収納。

左側が夫用、右側が私用のかばん置き場。私用は、針金ハンガーを使って上下２段にかけられるように。

テーブルまわりで使うものは横に吊るして

リビングで毎日使うティッシュやノートは、テーブル脇につっぱり棒を渡して吊るし収納にしています。場所をとらず、壁側に吊るしているので目立たず、生活感も適度に隠せます。手を伸ばせばすぐに手に取れる位置にあるのがポイント。

子どもたちは宿題やお絵かきをリビングのテーブルでするので、そのときに使うテーブルマットもテーブル横の壁に吊るしています。

左から、ティッシュ、ウェットティッシュ、ミニベジバッグ、サプリケース。バッグの中には、ペン、ToDo リスト、手帳、集金袋、家計簿、感謝ノート。

席から手を伸ばせば取れる位置にマットを（ソニック テーブルマット）。

テーブルマットは、消しゴムのカスをまとめて捨てやすいし、テーブルが汚れないので便利。すぐ横の壁に吊るしてあるので、子どもたちも自然に使っています。

インターホンの横に鏡とアクセサリー入れを

ピンポーンと来訪者があった際、出る前にサッと顔まわりをチェックできるように、インターホンの横に鏡をかけました。

その隣にはアクセサリー入れを。このアクセサリー入れは、元はレターラックとして売られていたもの。中に小さなフックをいくつかつけて、アクセサリーをかけられるようにしました。これらはキッチンの壁にあります。外から帰るとまずキッチンに立つことが多いので、ここでアクセサリーをはずせるのは便利です。

鏡の上にある四角い箱がアクセサリー入れ。

ダイソーで3つ入りの小さな粘着フックを買ってつけ、アクセサリーをかけられるようにしました。

ソファまわりで使うものは近くに定位置を

子ども部屋は2階にありますが、1階のリビングで工作やお絵かきをしている子どもたち。息子と娘にひとつずつボックスをあげて、お絵かき道具やトランプなど、リビングで使うそれぞれの持ち物を入れ、ソファ下に収納しています。ソファの上には無印良品の棚を取りつけ、テレビのリモコンや爪切りなど、リビングで使うものを収納。収納するものの色に気をつけて、適度に生活感を隠しながら使いやすく。

リビングで使うそれぞれのおもちゃを、ボックスに入れてソファ下に収納。使う場所の近くにあれば片づけのハードルは下がります。子どもにこそ、そんな仕組みが必要だと感じています。

手あかや小さな傷がつきやすいソファ上の壁紙には、透明保護シートを貼って。

棚に置いたボックス3つ。右から「爪切り、体温計、耳かきなど」「充電コード類」「塗り薬類」。

無印良品「壁に付けられる家具・箱」シリーズの棚は、石膏ボードの壁に簡単に取りつけられて便利。小さな木製の丸い入れ物は乳歯ケース（REDECKER 天然木の乳歯入れ）。見える場所に置いてもかわいい。

一時的に置ける場所を作っておくと、あちこちに置いて散らかる心配がありません。食事の後すぐに再開できるというメリットも。

こんなときが置き場所を見直すタイミング

息子は、リビングのテーブルで勉強や工作をします。食事時になると、テーブルの上に広げていたノートや文房具を床にどさっと置いてしまっていました。「床に置かないで」と言うのは簡単なのですが、「じゃあどうしたらいいの?」ということがわからなければ、同じことの繰り返しになってしまいます。ふたりで相談しながら、置く場所を作ろうと考えました。

「どこなら置きやすい?」と聞いてみると、やっぱり席から近いほうがよさそうです。そこで、息子の席から近い階段下にあったスツールを一時置き場として利用することにしました。しばらく様子をみたところ床に置かなくなったので、スツールより座面の広いベンチを買うことに。座面が広ければ、文具をのせたテーブルマットごとベンチの上に移動することができます。

ベンチの上には、2階に戻すおもちゃを入れるカゴも置いてあります。夏休みには、休みの間にすべき宿題類を入れた折りたたみボックスも置いておきます。散らかって悩んだら子どもに「どうしようか?」と相談し、一緒にしまう場所を考えたほうが、言わなくてもやってくれるようになります。

無印良品のファイルボックスは一人ひとつずつ。「mon・o・tone」のネームプレートを貼りつけて子どもの名前を表示しています。

しまうのが面倒なら吊り下げる

収納を作っても、出したものがその中に戻っていないようなら、その収納は〝難しすぎる〟のかもしれません。そんなときは、もっと簡単な方法はないかな？と考えます。

戻すのが億劫になるものは、「使用頻度の高いもの」である場合が多いです。出し入れの回数が多いから、億劫になるのです。

引き出し収納は、引き出しを「開ける→入れる→閉じる」で3アクション。このアクション数を減らすのにもってこいなのが「吊り下げる」でした。

以前、わが家にS字フックが何個あるかを数えるという取材をしていただいたことがありますが、30個は超えていたように思います。S字フックを数えるなんて初めてだったので、おもしろい経験でした。

至る所にものを吊り下げているわが家ですが、「ものが見当たらないですね」「スッキリしていますね」と第一印象を言っていただくことが多いです。目立たない死角を探して吊り下げること、用具の色を揃えることに気をつけるだけで、すっきり感と片づけやすさを両立させることができます。

玄関の靴箱と壁の間のスペースには、つっぱり棒を渡して傘やヘルメットなどを吊るしています。ヘルメットの右にかけてあるのは、折りたたみ式ハンガー。

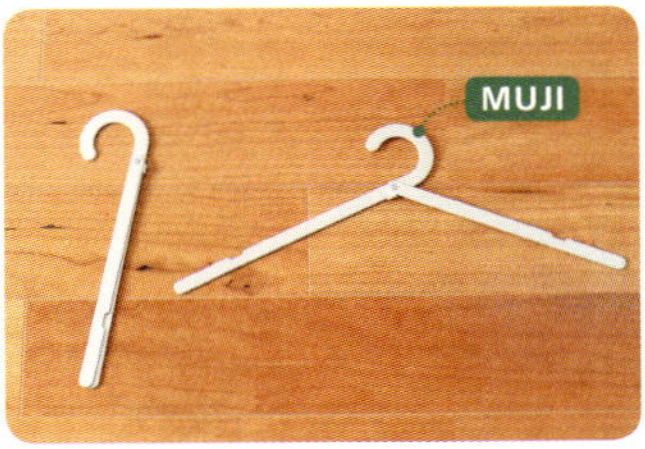

折りたたみ式ハンガーは来客時に広げて使用します。

わが家のバケツはこの1個だけ（art of black 折りたたみバケツ ホワイトグレー）。

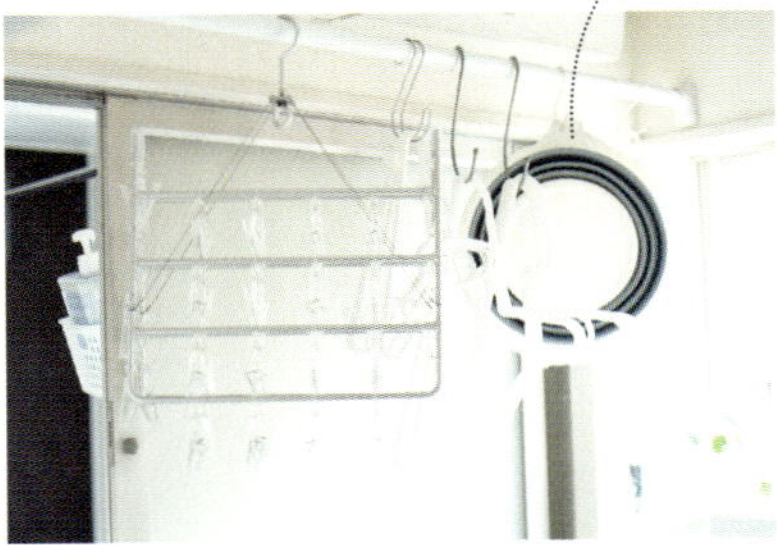

洗面所のような狭い場所でも「吊るす」は大活躍。ピンチハンガーや折りたたみ式バケツを吊るしています。

リビングのティッシュは白いケースに入れて壁に吊り下げて（KETY レザーティッシュケース）。

わが家ではお風呂のときに歯をみがくので、歯ブラシは浴室に1本ずつ吊り下げて。すぐに乾いて清潔を保てます。セリアのピンチフックが便利。

収納は少ないほうが家事はラクできる

以前住んでいた賃貸住宅には、たくさんの収納がついていました。〝収納がたくさんある〟と聞くと、便利でよさそうな印象を受けますが、「ものをいっぱい入れることができる！」と安心して、把握できないほどの量のものを家に置いてしまうというデメリットもありました。収納庫にたくさんものが入っているということは、それらをきちんと把握し、管理する必要があるということを意味します。もの自体の手入れなどの家事も増えます。

家を建てるとき、「収納は最低限にしよう」と思いました。根本的にものが収まるスペースを小さくしてしまおうと考えたのです。結果、1階でつくりつけた収納は、リビングの物入れひとつだけ（左ページ写真）。あとは靴箱とキッチンのシンク下程度となりました。賃貸住宅に住んでいたときより収納が少ないことに両家の母たちは不思議そうでしたが、おかげで「あのへんにあったはず」というあいまいな収納はなくなり、ものの管理がしやすくなりました。

すべての収納に、何が収まっているのか把握できている。家の中で探し物をすることがないというこの状態は、とても気持ちがいいものです。

幅76cm、奥行き78cmほどのこのスペースが、1階で唯一のつくりつけ収納です。

小さな収納を効率的に！ コツとポイント

コツ1 仕切る

カラーボックスや引き出し、つっぱり棚などを利用して空間を仕切り、細かいものを効率的に収めます。区切ることでものの定位置を明確にして住所を与え、迷子になるのを防ぐことができます。また区切られたスペースからはみ出さないよう、物量のコントロールができるのもいいところ。

子どものものは、子どもの取りやすい高さに。大人のものは、大人の取りやすい高さに。取り戻しに苦労する上や下、奥は使用頻度の低いものに向いていています。

マスキングテープはよく使うので、引き出しにしまわずフックに引っかけて。

Seria

置くものの高さに合わせてつっぱり棚を設置。下段に並べたふたつのトレーは、学校関係など一時保存の書類を入れておく場所。上段右端の透明ボックスは筆記用具入れ。

in the kitchen

引き出し内を無印良品の仕切り板で仕切り、カップや小皿の定位置を決めています。こうすることでカップどうしがぶつかって割れるのを防げます。

子どもの保険証や診察券などをまとめた「病院ポーチ」は、必要なときパパでもすぐに手に取れるよう壁に設置した専用ポケットに。

コツ2
一覧できるように

ボックスでも引き出しでも、開けたときに中にあるものがすべて目に入ってくるのが理想です。一部だけでも見えていれば、取り出しやすくなります。また、わざわざ開かなくても中身がわかるように、ボックスや引き出しにはラベリングをして中身を明示しています。「ここには何が入っているんだっけ？」と考える必要もなく、パッと見て手を伸ばせることが、家事の負担減や時短につながります。ラベリングは、自分だけではなく家族にとってもわかりやすくするためのひと工夫です。

　奥行きのある収納の場合は、奥のほうはどうしても見えなくなりがち。シーズンオフの衣類やかさばるストック品などを置くコーナーに。

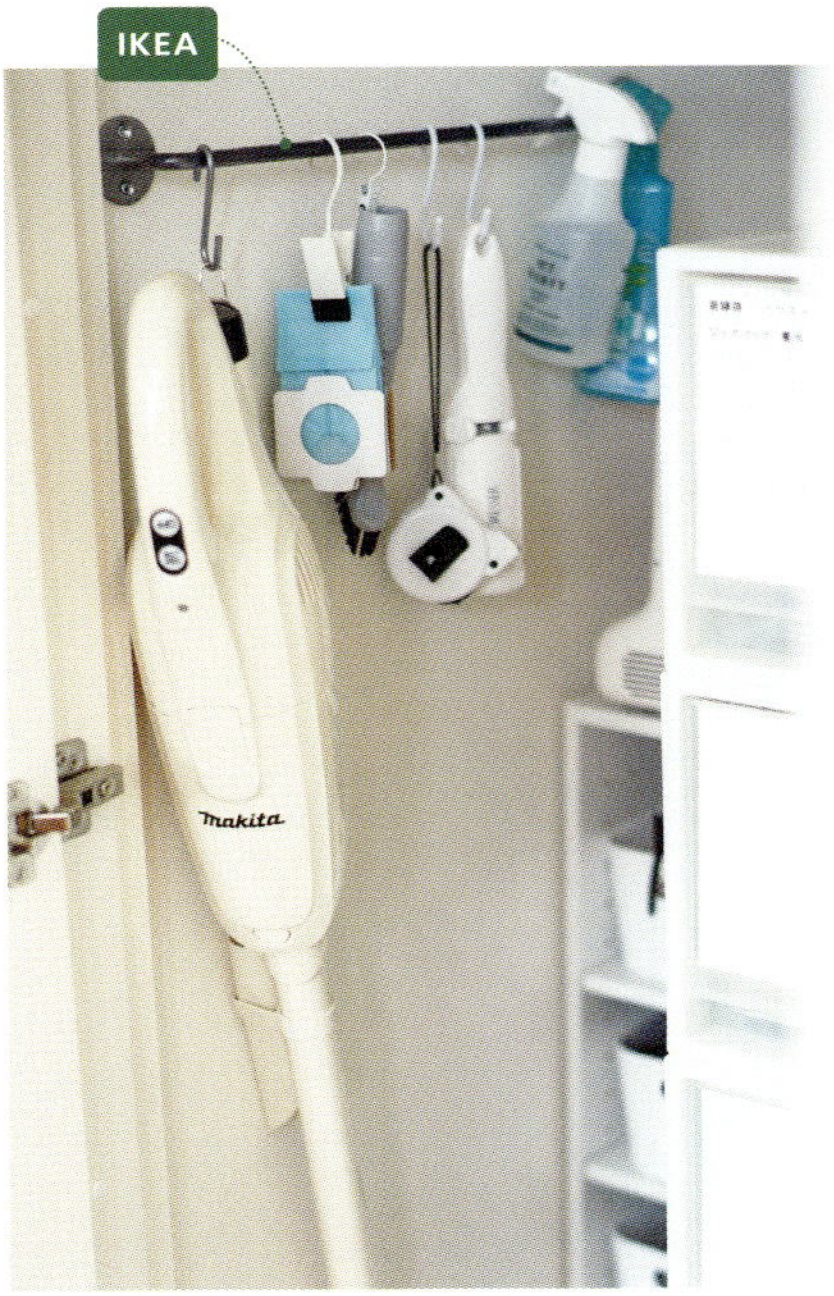

使用頻度の高いコードレス掃除機、替えの紙パック、ノズルは吊るして。奥に吊るされているのはメジャーと衣類用ブラシなど。

カラーボックスにはケースを置いてキャスターを取りつけ、取り出しやすく。上からメイク用品、カメラ類、精油やお香、仕事用書類や本など。

ニトリのキャスターは両面テープで貼るだけなので簡単。

コツ3

引き出しの中は立てて収納

ものは上下に積み重なると下にあるものが見えなくなってしまうので、立てて収納するのがおすすめ。倒れやすいものや薄いものは、仕切りやケースを用いて支えるようにします。立てるのが難しい小物（たとえば電池や傷防止シールなど）は、小さなジップバッグに入れて上部にラベリングしてから立てて収納。縦長の形のジップバッグは、こまごまとした小物を整理収納するのに便利です。また、引き出しの底にすべり止めシートを敷いておくと、衣類なども安定して立たせやすいです。

細かいものも立てて探しやすくすることで時短になり、重複買いを防いで節約にもなります。

奥行きのある引き出しに、家族みんなのパジャマやインナー類、子どものハンカチやティッシュ、マスクなどを収納しています。写真は息子用の引き出し。パジャマの奥をブックエンドで押さえています。

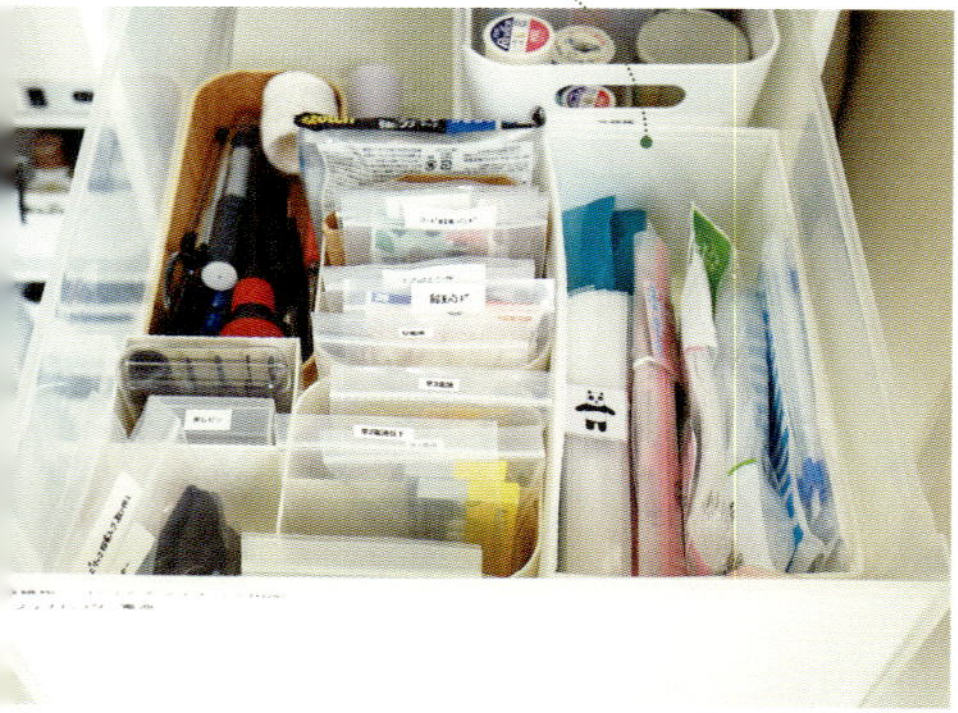

種類の多い電池などの小物も、統一サイズの袋に入れて上部にラベリングし、立てて収納しておけば、スッキリとして取り出しやすい。

電池は同じサイズごとにジップバッグにまとめて立てて収納。

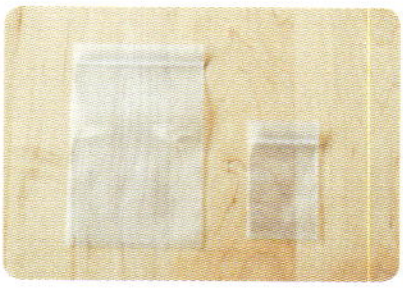

百均のジップバッグ。140mm × 100mmのものは何かと仕分けに重宝。70mm × 50mmは薬やさらに小さなものに便利。

in the kitchen

引き出し内にディッシュラックを置いてお皿を立てて収納しています。

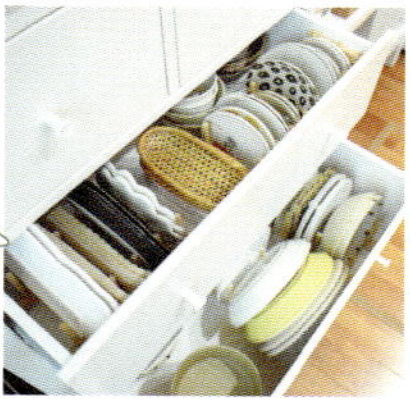

コツ4

扉の裏を活用する

学校のお知らせプリントや予定表は、日常でよく開ける扉の「裏」に貼っておけば、部屋に生活感を出しすぎることなく、必要なときにすぐ確認できます。わが家では、リビング収納の扉裏に粘着フックを貼りつけてマグネットボードを引っかけ、これをプリントの掲示ボードとして使っています。紙類をマグネットでとめるだけなので、画びょうやテープも不要。気軽に貼り替えていくことができます。

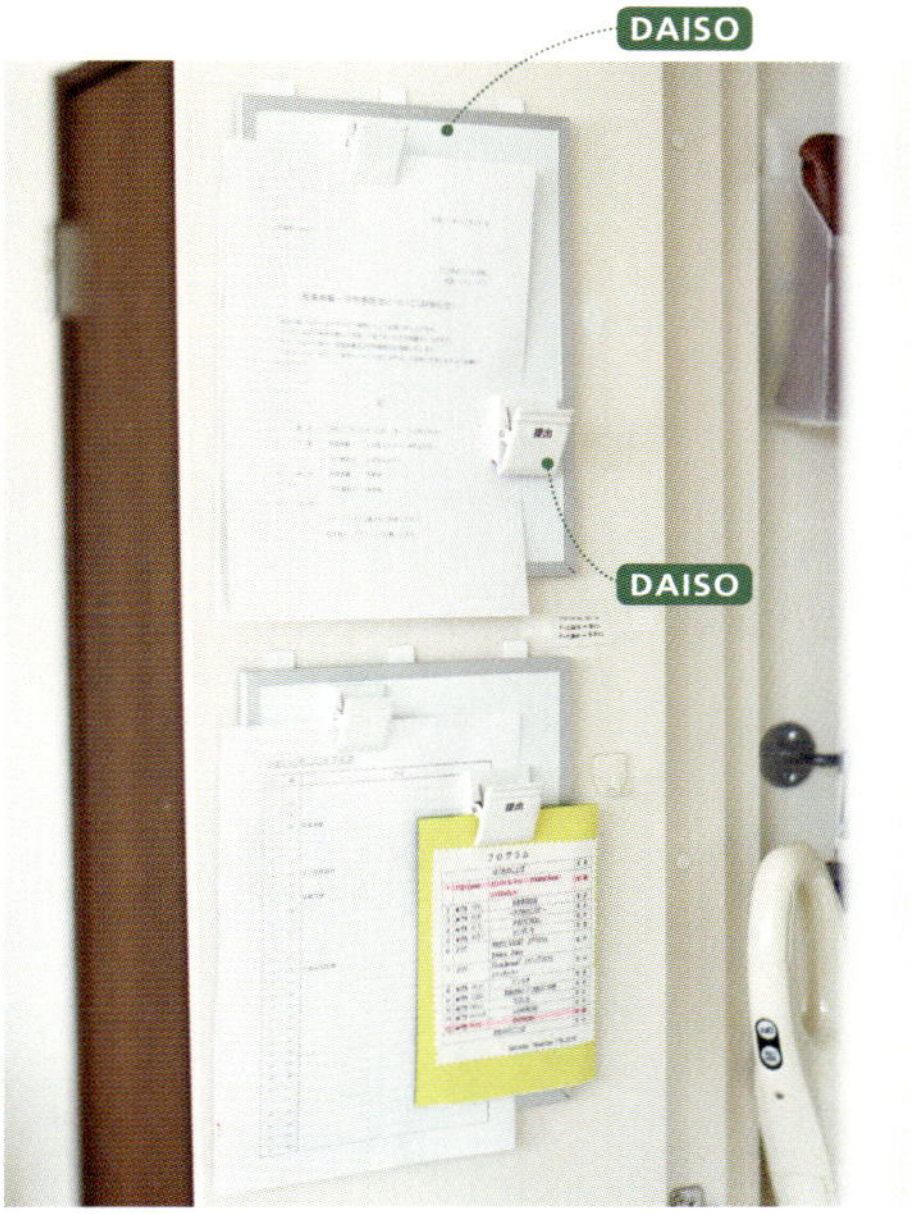

上は長男用、下は長女用の掲示ボード。"提出クリップ"に、行事の当日持っていくプログラムや、集金袋などをはさんでいます。

平たい粘着フックを扉に貼りつけ、マグネットボード裏のフレームのすき間に挿し込んで固定。

ダイソーのマグネットクリップは、ノートなど厚いものをはさむことも可能。クリップのはさむ力とマグネットの力ともに強力です。

収納グッズ選びのポイントは「色」「サイズ感」「使い勝手」「掃除しやすさ」

シーズンオフの靴は乾燥剤と一緒に紙袋に入れて上部にラベリングをし、立てて収納。

収納の見直しを始めたのは、下の子がお腹にいるころでした。収納用品を選ぶときは、失敗も視野に入れてあまり予算をかけないようにと考えました。そんなわけで100円ショップにはずいぶんとお世話に。一度決めた収納も、使いづらかったり、家族には難しかったりして、やり直すことの繰り返しでした。

100円ショップでものを選ぶときは、あまり色がバラバラにならないように意識しています。豊富な品揃えが魅力ではありますが、いろんな色が部屋にあると目が疲れ、まとまりも悪いように思います。夫は昔から「白」「シンプル」を好む人だったので、私も影響されて白を選ぶように。そして以前から私が好きだった木製のものや天然素材のカゴなども適度に取り入れて、わが家の基本カラーは白と茶色になりました。

収納用品も、ひとつの「もの」です。買うときはよく吟味します。まず、使う場所のサイズをきちんと計測すること。開け締めのしやすさなどの使い勝手をみること。そしてお手入れや掃除のしやすさも欠かせないポイントです。

また、収納ケースがほしいと思ったとき、すぐに買わずに紙袋や空き箱を利

紙袋や空き箱で試してみよう

たとえば、ひとつの引き出しにまとめていた靴下類を、種類ごとに分けたい場合。

↓

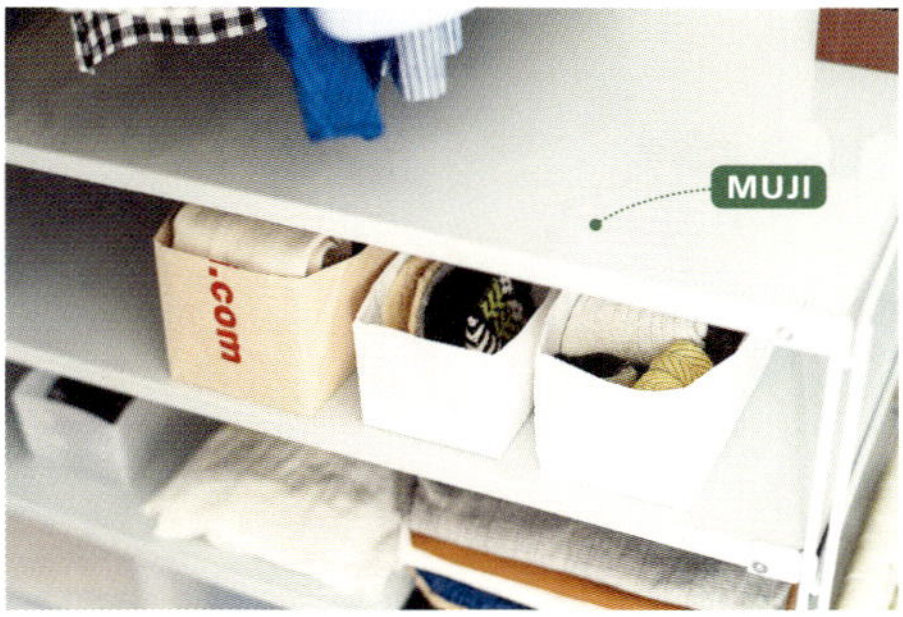

紙袋の口を２回ほど折りたたんで作った箱を並べ、実際に使ってみます。ここでは、靴下、フットカバー、レギンスの３つに分けてみました。

↓

使い勝手がよかったので、同じくらいの大きさのケースを買うことに。冬だけ登場するタイツ用ケースも含めて４つ。

用して試してみることもあります。しばらく使っていると、「このサイズよりもう少し高さがほしいな」など求めるものが明確になります。収納ケースを買わなくても「紙袋こそ適任！」という場合もあります。根菜、冷蔵庫の野菜室の中、シーズンオフの靴の保管など。汚れてもそのまま捨てて交換できるので、ラクに清潔を保つことができます。

タイツは、シーズンが終わったらケースも一緒にしまいます。折りたためるイケアのケースは便利。

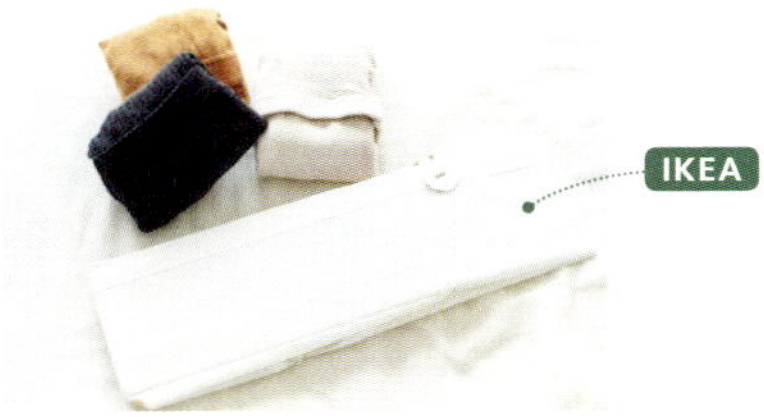

わが家にある100均グッズいろいろ

低価格なので、収納の見直し時に変更しやすく、子どもの成長にも合わせやすい100均グッズ。品質やデザインのよいものは、長年大切に使っています。

口当たりがよく、光もきれいな「うすぐらす」。レモネードがいつもよりおいしく感じます。

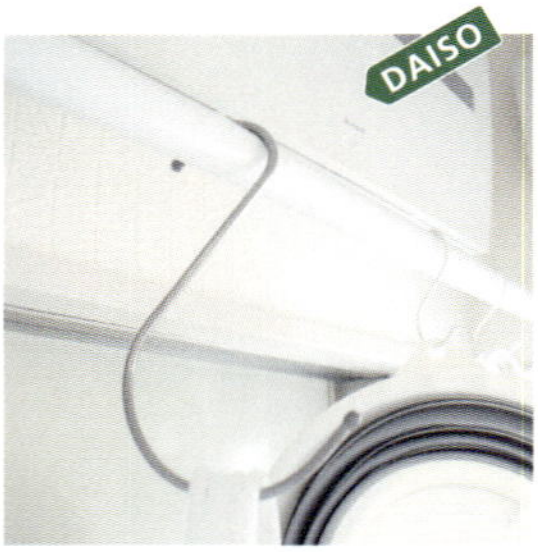

片方のカーブが大きいS字フック。洗濯用ハンガーの吊るし収納用に購入しました。

飾ってかわいい無垢材の鍋敷き。オイルでみがいて水を弾くようにしてから使い始めました。

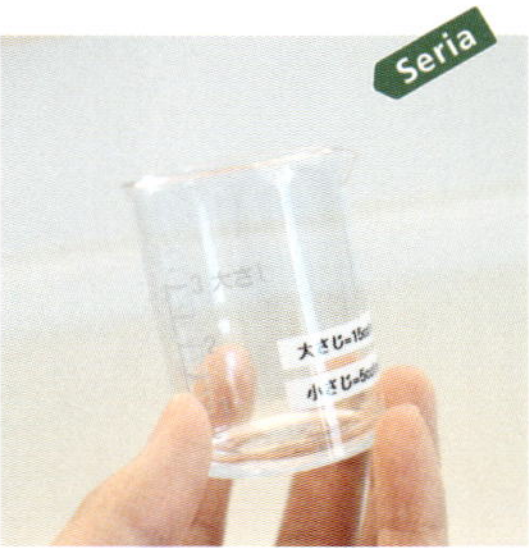

「大さじ」「小さじ」の表記があり、計量スプーンより液体を計りやすい計量カップ。

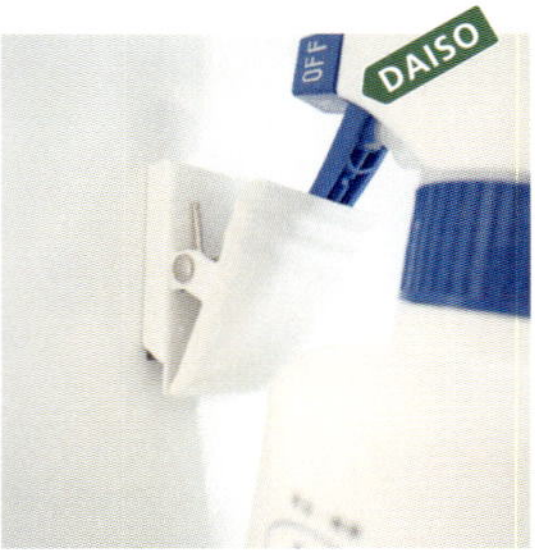

ノートをはさんでペンを置いたり、作品展示に使ったり。磁石とはさむ力が強いマグネットクリップ。

ディッシュラック裏に4か所クッションゴムを付けています。引き出しを開閉しても動きません。

洗濯用洗剤は白い容器に移し替えて。これで洗面所がスッキリしました。

盛り塩のための型ですが、月に一度作る以外は輪ゴムかけとして。絡まらず取りやすくなりました。

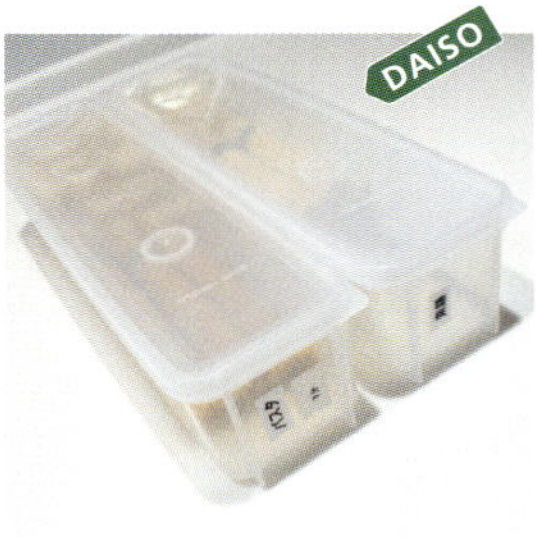

スリムなうえに寝かせても立ててもいいパスタケース。密閉性も高く、半透明で中身も見やすい。

調理台下で扉用フックを使い、タオルをかけたりレジ袋を引っかけてゴミを入れたり。

キャンドルを灯すと100円とは思えないきれいな光。シンプルなので使いやすいです。

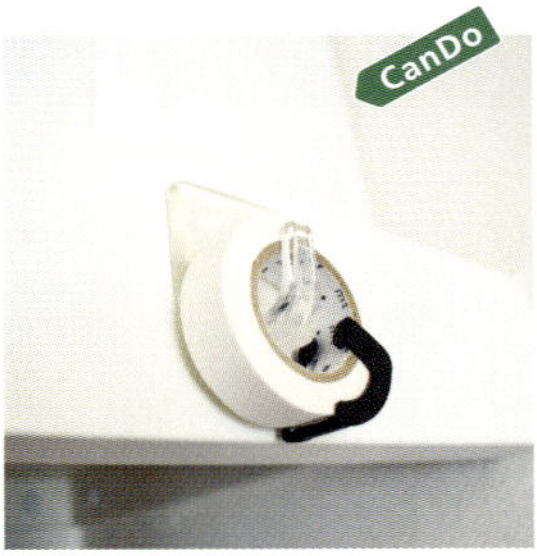

強い接着力、透明で使いやすい「ピタッコ透明粘着フック」。はがすときはドライヤーで温めて。

野菜を洗うために自立するブラシを購入。乾燥させやすく衛生的、毛が固くてしっかり洗えます。

バター用のケース。うちではトイレに置いて細かい部分の掃除グッズ入れに。陶器製なのがかわいい。

マスクを持ち歩けるケース。数枚入れてもスリムでバッグのすき間に入れて持ち歩けます。

名刺ケースですが、薬を人別で分けて収納。裁縫道具や名前テープなど細かなものの収納にも便利。

手間いらずのクローゼットにする

以前は引き出しにたたんでしまっていた洋服類を、今はすべてかけて収納しています。洗濯して干した後は、ハンガーごとそのままクローゼットへ。どんな服があるかを一覧できるし、ハンガーのままほかの服や体に当てて考えられるので、コーディネートもしやすく感じます。

私は白いシャツや同じような色の服ばかり好んで買ってしまうので、いつかコーディネートのパターンを改めて考えて、服の持ち方を見直したいです。まだまだ課題の多い分野です。

下の引き出しには、おもにオフシーズンの衣類を収納しています。オンシーズンと同じ空間にあるので、「今日は肌寒いな」「冬なのに暑いな」という日でも慌てません。なるべくシーズン通して着られる服を選ぶようにはしていますが、必要に応じてオフシーズンの衣類も取り出します。

一時期、衣替え自体をやめてみたこともあります。けれど、衣替えは服をひとつひとつ見直すよい機会です。わが家では必要と感じ、復活させることにしました。

部屋着は壁に取りつけたフックにかけて。コート、ストール類はつっぱり棒に。こんなふうにざっくりと場所を分けています。

たたむ手間がなく、ひと目で持っている服を見渡せるので、コーディネートがしやすいです。

すぐ下の引き出しには、おもにオフシーズンの衣類を収納。

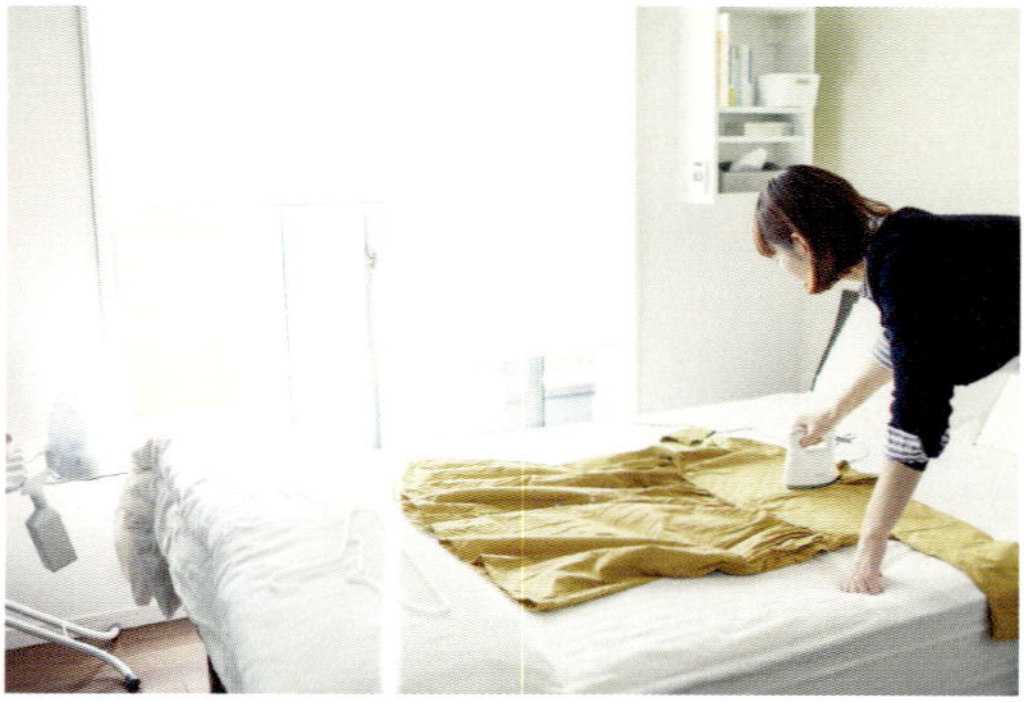

スチームアイロンは、ニットやパーカー、きっちりアイロンをかけないで少しのシワを残しておきたいリネンなどのアイロンがけに。

アイロン台は出しっぱなしに

アイロン台はクローゼット横に出しっぱなしにして、寝る前や週末など、5分10分といったちょっとした空き時間にササッとかけるようにしています。出しっぱなしにしてから、アイロンがけを後回しにすることがなくなりました。

スチームアイロンは、電源を入れてから熱くなるまでの時間が短いので、出かける前に気になったシワをサッと取りたいときも便利。ニットが伸びていたらスチームをかけて手で軽く力を入れてしばらく握ります。逆にちぢんでいたら引っ張ります。こうすることで元のサイズに戻すことができます。普通のアイロンほど圧する力はないので、ふたつのアイロンを使い分けています。

霧吹きに使っているのは、ラベンダーの香りのリネンウォーター。かけている最中も癒やされますが、服にほのかな香りが残り防虫効果もあって一石三鳥。サッと使えるように、アイロン台に引っかけ収納しています。

アイロン台のそばにはハサミ、毛玉取り器、小さなポリ袋、裾上げテープ、服購入時に付いていた交換用のボタン、裁縫道具などを木箱にまとめて置いています。

椅子を置いて座りながらアイロンがけできるようにしています。壁上部には、アイロン待ちとアイロン後の衣類をかけておくフックを取りつけました。

大人には何だかわからない子どもの宝物（お菓子の空き箱やグッズなど）を入れるフリーボックスをそれぞれの子に用意。その辺に置いてしまうことを防ぎ、入るだけという物量コントロールにも。

子どもが自分で片づけられるように

下の子が幼稚園に入って階段の上り下りに不安がなくなってから、2階に子どもたちそれぞれの個人スペースをつくり、1階は家族共用の場所と住み分けをしました。1階におもちゃを持ってきて遊んだ日は、「ここはみんなの場所だから、片づけてみんなで気持ちよく楽しく暮らせるようにしようね」と寝る前に声がけをしています。

2階の子ども部屋がおもちゃの収納場所。おもちゃは種類ごとにまとめて、それぞれの量に合ったボックスで仕分けています。まとまっていれば、片づけやすいだけでなく、遊びやすくもあるようです。この分類は、子どもと一緒に考えました。ボックスに貼ってあるおもちゃの写真を撮ったのも、子どもたち。定位置管理の仕組み作りにカメラマンとして参加してもらったことで、より「自分で片づけよう」という気持ちを促せているのかもしれません。

子ども部屋には、学校や幼稚園で使うものも置いています。小学生の息子にランドセルラックの導入を考えましたが、使い方が限定されると思いスツールに置くことに。ランドセルは重いので、高さがちょうどよかったようです。

娘の好きな粘土遊びセットは、お片づけの完成写真をラベリングし、パズル感覚で片づけられるように。

ダイソーとニトリのボックスだけで作ったおもちゃ収納。ダイソーのカードケースにおもちゃの写真を入れてラベリング。

息子のクローゼット。ニトリのカラーボックスは棚板を自由に変えられて便利。教科書類やハンカチ、靴下などを置いています。ランドセルはスツールに。

上の棚には文具のストックや水着、クリスマスなどのシーズンものを収納しています。

子ども服の総量

（息子9歳の冬用）

学校着……トレーナー４着、防寒インナー３着、パンツ４着、お習字用上下１着、靴下５足、ダウン１着
お出かけ着……襟つきシャツ３着、トレーナー・セーター４着、パンツ３着、ダウンベスト１着、靴下３足、冠婚葬祭用１着

学校用とお出かけ用を分けて。

子ども服は、トップスもボトムスもすべて吊るし収納。服の量は、１週間コーデができれば十分と考えて持ちすぎないように。

靴下も学校用とお出かけ用に分けて。ケースをセリアの小さなブックスタンドで仕切って使っています。

無印良品のネクタイハンガーは、巾着袋のひもをまとめてかけても絡まりにくく便利。月曜日の朝は、体育着袋＋上履き入れ＋給食着袋の“月曜セット”も吊るされています。

子どもに教える片づけのこと

子どもがいれば、どうしたって部屋は散らかります。いつまでも散らかっているとうんざりして、「ちゃんと片づけて！」と声をかけたくなります。けれども実は、子どもにとって「ちゃんと」がどういう状態なのかはわかりません。年齢にもよると思いますが、床にあったものをソファにのせるだけかもしれないし、隣の部屋に持っていくだけかもしれない。「ちゃんと」がどこにどう収めることなのか、子どもが理解している必要があります。

その「ちゃんと」を決めるときに、できれば子ども自身にどう片づけるのが一番よいのかを聞き、一緒に考えられたらと思います。はじめは時間がかかりますが、子どもも参加して収納を決めると、自ら進んで片づけに取り組みやすくなるように思います。

息子の自室についても、彼の意見を聞きながら収納を考えるようにしています。幼いころは私が決めていましたが、小学校中学年ともなると彼なりにちゃんと思っていることがあるようです。遊園地のパスポートの半券や、私の書置きを大事に壁に飾ろうとするなど、彼なりのこだわりがある。「この子は意外

と思い出を大事にしたいんだな」なんて、子どもについて新たな発見があったり。こんなことひとつからも、成長を感じることがあります。

子どもの気持ちが片づけにノラないときは、「どこに片づけるんだっけ、わからないよ〜助けて〜」なんて小芝居することも。助けてくれたら「さすが！」とほめるのは大切なポイントだと思います。ほかに、「まさかこんな片づけ、○ちゃんにはできないよね？」というバリエーションも。子どもは自信満々に、「できるよ！」と片づけてくれます。

整える習慣が生きる力に

子どもが生まれたとき、この子たちには「生きるのは楽しいよ」と伝えられる親になれたらいいなぁと思いました。「人生を、楽しんでね。そして大切にしたい人に出会ってね」と。だから日々の片づけや掃除のことも、「やるべきこと」というより、「やると気持ちがいいね、うれしいね」と教えたいのです。

子どもたちのこれからの人生、心が落ち込むこともあれば、忙しくてゆとりを失うことだってあるでしょう。そんなときに身のまわりを整える習慣がついていれば、自然と自分を大切にする行動ができると思います。その習慣は、生きるための大きな力になるだろうと思うのです。

column 1

お兄ちゃんの服選び

わが家では、子どもの服を「学校着」と「お出かけ着」に分けています。お出かけ着は私が選んでも喜んで着てくれますが、学校着は自分で選んでいます。毎日会うクラスの友だちの目も気にしながら選んでいる様子。選んだ服が、勉強イヤだなぁと思う日も学校に行くのが少しでも楽しくなる要素になればいいなと思っています。

息子が選ぶと服の色が全部黒になったりして、私としては「毎日全身真っ黒け!?」と思い、つい「こっちの色もかっこいいね！」などと口をはさんでしまうことも。でも、息子が学校着によく好むスポーツブランドの服は動きやすく耐久性があり、夏は涼しく冬は暖かく、洗濯しても乾きやすいなど利点があります。結果としてお出かけ着より高価になるのですが、枚数を４着と決め、元気な小学生男子にピッタリの学校着ということで納得しています。

必要な枚数を知ると クローゼットが大量の子ども服で埋もれてしまうのを防げます。丈夫な生地の服は結果的に家計にやさしく、家事の手間も減ります。

Part 2

気づいたらいつもキレイ わが家の掃除ルール

暮らしのリズムに掃除を取り入れる

テレビ局でわが家の大掃除ロケをしたとき、「潔癖なのでは?」「きれいすぎて子どもが息苦しそう」などの声もいただき、「掃除が好き」なんて言えば、人にそのような印象を与えてしまう……と考え込んでしまったことがありました。

それでも、誤解を恐れずに言えば、やっぱり掃除は好きです。母と祖母の影響で、幼いころから「掃除」という言葉にマイナスのイメージはなく、プラスのイメージを持つことができたからだと思います。母と祖母は毎日、朝と晩に掃除をしていました。家の中が朝と晩にリセットされ、気持ちのいいわが家へ帰ってくることに幸せを感じていました。それが普通で、当たり前の光景。ところが、その当たり前の光景を自分が作り出せるかといったら、とても難しいということを、結婚して心底思い知ることに!

試行錯誤を重ねた末、今はなんとか私なりのスタイルができてきました。潔癖というわけではなく、子どもが部屋を汚すのは当たり前だと思っています。忙しい日々のなか、強い味方になってくれるのは「習慣」。まずは3日、1週間。そして1か月、3か月と続けて無理なく続く掃除方法を見つけられたらと思います。

パパッと朝の簡単掃除

子どもが生まれて自分の要領の悪さを一番強く感じたのは、掃除でした。やりたい気持ちはあります。でも掃除機を出したものの、ほかのことが気になってそちらに取りかかってしまい、朝から始めたのに掃除機が床のゴミを吸い始めるのはお昼前、なんてことはしょっちゅう。しかもなかなか掃除機をしまえず、ついに掃除機出しっぱなし生活へ。

要領の悪い私でも必要なことを最後までやり遂げたいという一心でたどりついたのは、片づけでいう「アクション数」の大幅な削減です。サッと取り出せる軽いコードレス掃除機に替えて、掃除道具は極力しまい込まないように。ふき掃除などは一気にできないので、小さなウェットシートを複数箇所に配置しておくことにしました。

「さてやろう！」と自分を奮い立たせることなく、気軽に取りかかれるように。「何を取りに行くべきか？」と考える必要もなく、いつの間にか道具を手にできるように。

今は、朝、自分の身支度をする時間の流れの中に、掃除を組み込んでいます。

朝の掃除の流れ

5:00〜5:30	起床　着替えてエプロンをつける
	↓
	洗面所でスキンケア／洗面所掃除2分
	↓
	トイレに入る／トイレ掃除3分
5:30〜6:00	朝食とお弁当作り
6:45	起きてきた家族と朝ごはん
7:15	朝食の後片づけ
7:40	朝掃除タイム　リビング10分程度 寝室5分程度

忙しいときはパスすることもありますが、朝のトータル15〜20分ほどの時間でキレイは持続できます。

朝掃除❶

洗面所

鏡と洗面台のすべてをマイクロファイバーのクロス1枚でふいています。あれこれ使わず、1枚ですませるのがポイント。洗面所は朝一番に掃除をする場所なので、取りかかりやすくするためにもシンプルな仕組みを心がけています。

アルコールで蛇口まわりなどをみがくついでに、ドアノブや電気スイッチもふいておきます。ここは外から帰って手を洗う前に触れる場所なので、殺菌のためにも。近辺を流れでキレイにする癖をつけておくと、負担になりません。ちょっとしたついで掃除が家中の清潔感をアップしてくれます。

アルコール（パストリーゼ）をマイクロファイバーのクロスに2プッシュ。隣に置いてあるのは、手をかざすだけで自動で泡のハンドソープが出てくる「サラヤ エレフォームポット」。

↓

鏡の水滴跡や手あかをふきます。

↓

蛇口まわりなどのステンレスをみがきます。ついでにドアノブや電気スイッチも。次に洗濯せっけんをつけて洗面台を洗います。

起きて洗面所でスキンケアをした後は、その流れで洗面台の掃除をします。

クロスは使ったら洗濯せっけんで洗って近くにかけておき、ちょっとした汚れに1日使い、夜、洗濯機にポイ。

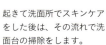

朝掃除❷

トイレ

最初に、床、壁、便器まわりにアルコールを吹きかけて、トイレットペーパーでふきます。便器の中には洗剤を振りかけ、先端に使い捨てスポンジをはさめる「シャット」でこすっています。少し前まで重曹とクエン酸を振り入れてこすっていましたが、ふたつ入れるのが面倒なので一般的なトイレ用洗剤でお試し中。また、シャット純正のスポンジは毎日使うにはコストがかかるし、香りが少々苦手なため「流せるウェットシート」を折りたたんで先端につけています。シートは、時間のあるときにまとめてたたんで、密閉容器にストックしています。

最後に窓辺でお香を焚いて、終了です。

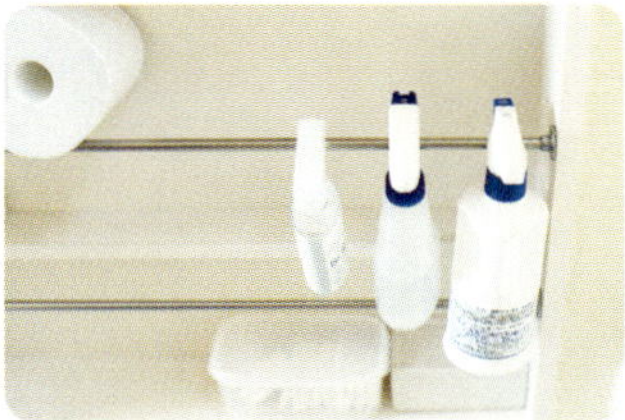

トイレ用の掃除グッズは、手に取りやすい位置に引っかけています。

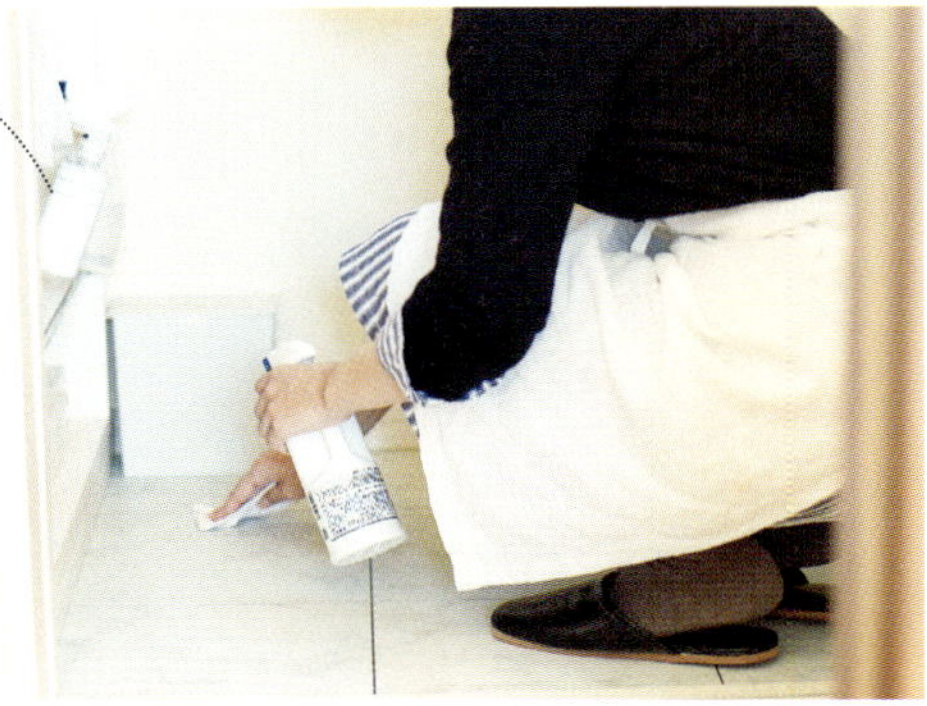

床はトイレットペーパーでふくのが一番簡単。汚れたら便器に流せます。

毎朝掃除が終わったら、トイレの窓辺でお香を焚きます。お香は手軽に焚けるように、求めやすい価格の業務用をネットでまとめて購入しています。

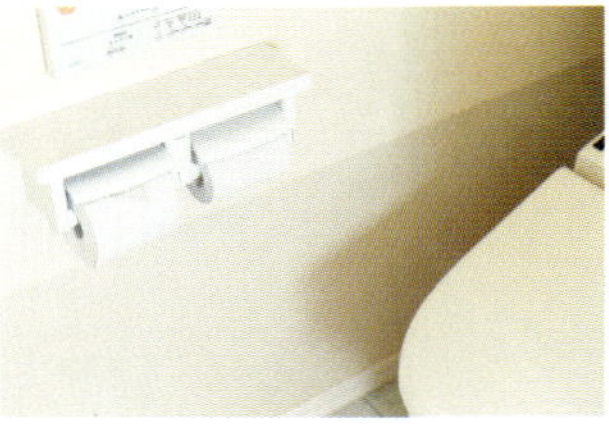

汚れやすい便器横の壁紙には壁紙保護シートを貼って気づいたらサッとふき掃除。

朝掃除③

リビング

まずは、テレビまわりや棚、温度計、ブラインドなど届く範囲のあらゆる「上面」のホコリをハンディモップでササーッと簡単になでるように取っておきます。

次に掃除機を、リビングからキッチン、洗面所、玄関まで1階のフロアすべてを一気にかけます。かけるときは、フローリングの目に沿って。ここまで、たったの5分程度で終わります。時間に余裕のあるときは、ワイパーで水ぶきをしてプラス5分。

以前はフローリングワイパーもかけていましたが、今は省略。汚れやすい「食卓の下」「キッチン」の床に限定して、夜に一日の汚れを電解水でサッとふきます。週末にゆとりがあったらウエスで手ふきします。

ハンディモップはその日気になったところをできる範囲で簡単に。

床の掃除機かけ。ここまでで5分。

食卓の下は子どもの食べこぼしなどで毎日かなり汚れます。夜にフローリングワイパーをかけてさっぱりとリセット。

朝掃除4

寝室

寝室掃除の流れは、窓を開けて空気を入れ替える↓シーツや枕にコロコロをサッとかける↓アロマ除菌スプレーをかけておく↓床のロボット掃除機をオン。トータルで5分ほどです。

「睡眠を大事にしなさい」とは、結婚するときに母に言われた言葉のひとつ。気持ちよく眠れると、その日一日のよいスタートが待っています。ですが、朝から2階の掃除機がけまでは私には無理！というわけで、技術の進歩に感謝しながらロボット掃除機のスイッチを押しています。

かけ布団を足元のほうにたたんで置き、シーツを伸ばしながらコロコロをかけます。

天然由来のアロマ入り除菌消臭スプレー「マイハビット ファブリックミスト」。以前は手作りしていましたが、こちら気に入ってもう5本目です。

朝にベッドメイキングをしておけば、夜はすぐにベッドに入って一日の疲れをとることができます。

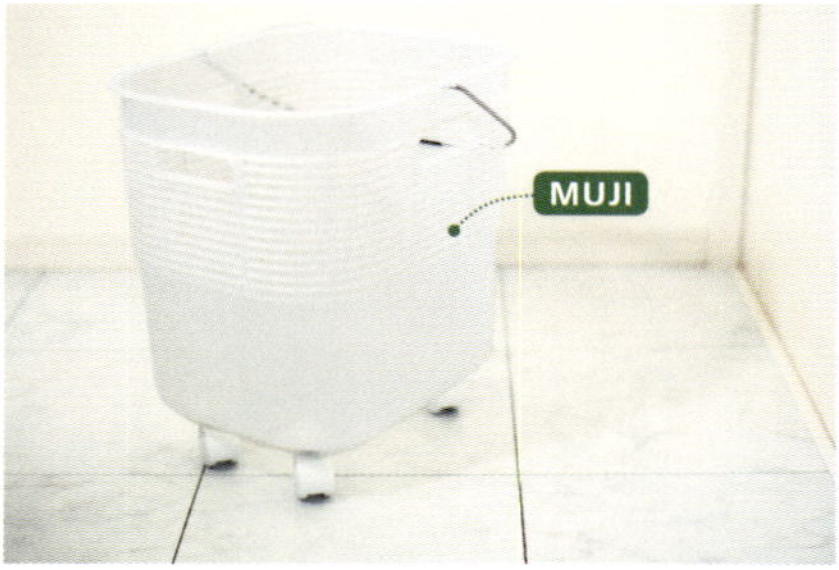

洗濯カゴにはニトリのキャスターをつけて。すぐに動かせると掃除のハードルが下がります。

床にはものを置かないように

床に収納家具を置けば、そこにものが集まってきます。つい、本当は必要のないものまで中に入れたり上に置いたりしてしまい、物量が増え、家事も増える原因に。「ものがたくさんあって暮らしにくいな」と感じたとき、「家具を買う」という解決方法を思いつくかもしれません。でも、それはちょっと危険。家具を買う前に、まずはものの見直しを行うほうがいいように思います。

わが家では、極力床にものを置かないようにしています。床にものがなければ、掃除のハードルはぐんと下がります。たとえばスマホの充電コードはフックを用いて壁に吊り下げて。どうしても置かなくてはならないものには、キャスターをつけて手軽に移動できるように。リビングのラグは、必要なときにすぐ取り出せる場所に収納してあります。

ゴミ箱も、あちこちに置くのではなく1階ではキッチンの1か所のみです。ゴミを集めてまわる手間もいらず、ゴミ箱自体を清潔に管理する面倒も少なくなります。子どもたちが集まったときなどは、紙袋で即席ゴミ箱を作って使います。

リビングのテーブルとラグは、いつもはしまっておき、必要なときだけ出します。

未使用時、フックはたためます。

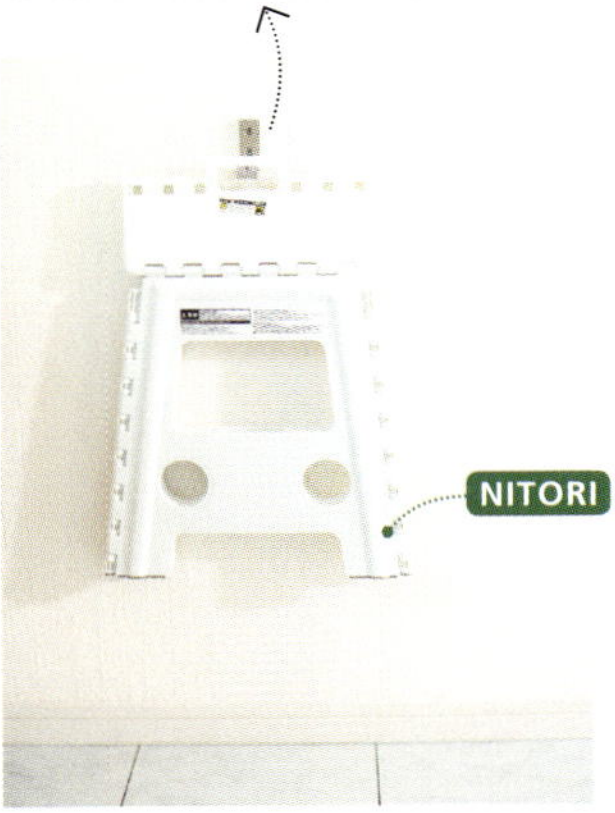

洗面所にある折りたたみ式の踏み台は、壁に取りつけたフックに引っかけておきます。

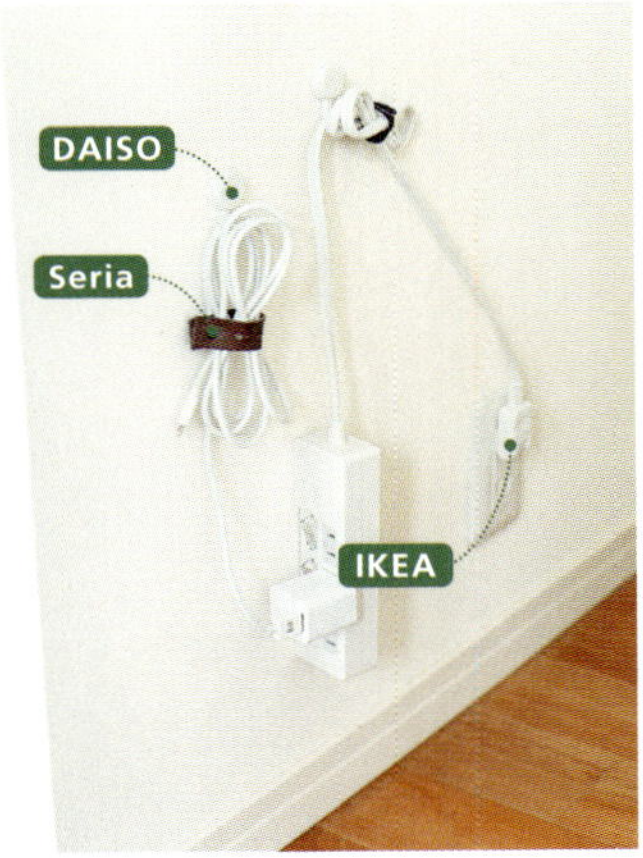

ソファ裏にあるスマホの充電コード。使用頻度が高いので、束ねてかけるだけの収納に。ダイソーの押しピンが３つ付いたフックを使用しています。

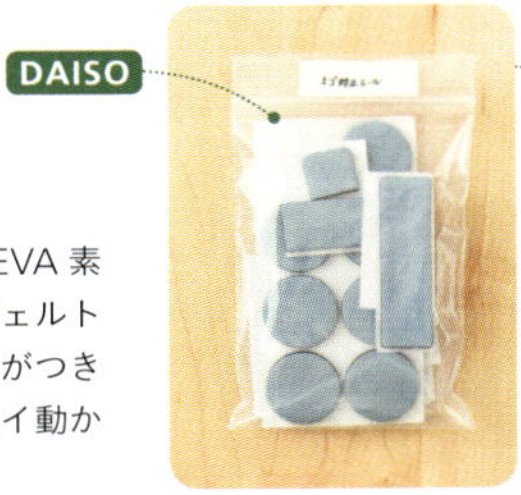

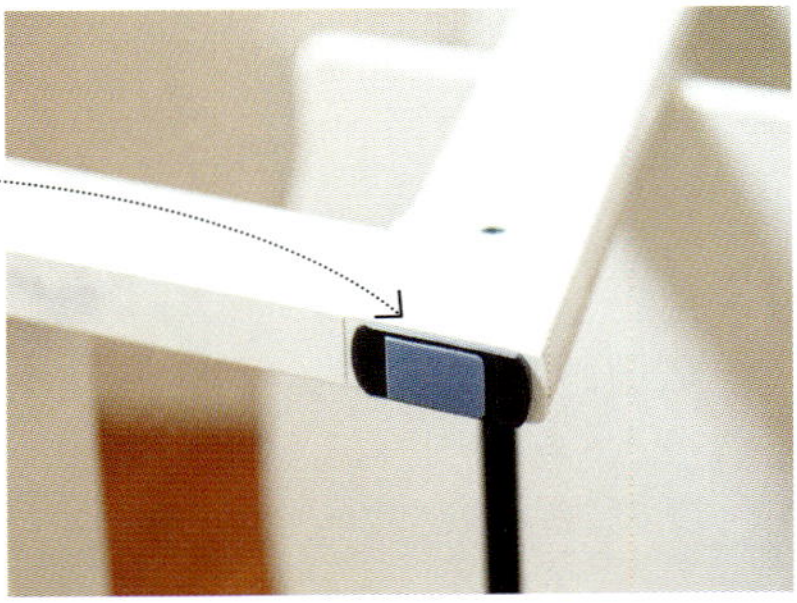

ダイソーで見つけたEVA素材の傷防止シール。フェルト素材のものよりホコリがつきにくく、家具がスイスイ動かしやすくなりました。

電解水とアルコール 普段の掃除はこのふたつがあればいい

かつては「お風呂用」「窓用」などさまざまな洗剤を買い集めて、洗剤コレクターの域に達しそうだった私。出産を経て、ズリバイをしている幼いわが子を見ていると、「この床に合成洗剤をつけていいのだろうか？」という思いが強くなり、掃除について改めて勉強を始めました。よく読んでいたのは、掃除能力検定のテキストと、ハウスキーピング協会の本です。テキストを読んだり、直接洗剤のメーカーに問い合わせて意見を尋ねたりすると、正確な情報を早く仕入れられるように思います。

今もあれこれ勉強し、試している最中ですが、最近は「電解水があればだいたいの汚れは落とせるな」と感じています。

「電解水」は、「重曹」や「セスキ炭酸ソーダ（アルカリウォッシュ）」と同じアルカリ性で、油系の汚れ（食べこぼしや手あかなど）をよく落としてくれます。ふいた後に白残りやべたつき残りがないのがよいところで、電気分解されたただの「水」なので、子どもにも安心。私は希釈するタイプの電解水をリピート買いしていて、汚れの強さに応じて濃度を変えて使っています。除菌、消臭

パストリーゼ（左）と電解水（右）。電解水はスプレーボトルに入れ替えて、キッチンや洗面所などの各所へ。

作用もあるし、布ものの汚れも浮き上がらせてくれる。壁紙やフローリングにも使えて、まさに万能です。

キッチンの調理台まわりなど、殺菌をしっかりしたいときは、アルコールの「パストリーゼ」を使用しています。クレヨンやペンなど油性インクの汚れにも。その揮発性を利用して窓ガラスをふけば、ふき跡が残らずピカピカです。

電解水とアルコール。日常掃除はこのふたつで十分まかなえています。

大容量の「パストリーゼ」（アルコール）と「ブリーズクリア アルカリイオン水」（電解水）。

汚れ別お掃除法

電解水は、通常は5倍に薄めて使いますが、頑固な汚れの場合は原液を使うことも（5倍に薄めたスプレーと原液のスプレーの2種類を用意しています）。アルコールは除菌効果が高いのが魅力ですが、一部のプラスチック製品やワックスがけした木の床などには使えないので、電解水と使い分けています。

壁紙の落書きや汚れ

ペンなどの落書きはアルコールで。手あかなどの黒ずんだ汚れは電解水でサッパリ真っ白に*。

ドアノブやスイッチの汚れ

みんなの触る場所だから風邪の季節はウイルス対策にも。ひとふきでピカピカに。サビ予防にもなります。

床の汚れ

電解水にハッカやユーカリ、ラベンダーなどの精油を混ぜて使っています。いい香りで虫よけにも。

机についた鉛筆

鉛筆の汚れは研磨剤でこすらなくても、せっけんでキレイに落ちます。せっけんをウエスにつけてクルクルと。

*壁紙によっては使えない場合もあるので目立たない場所で試してください。

ソファの汚れ

わが家のソファは合皮素材で色は白。5倍希釈の液だとなかなか落ちない汚れには原液の電解水を使います。

おもちゃの汚れ

プラスチックが多いので電解水を使用。重曹より汚れ落ちがよく、ふき跡も残りません。除菌、消臭にも。

すぐに洗えない食器の浸けおき

食器を水に浸けおく際に電解水を追加。カレー皿や油ものを食べた後のお皿なども洗うのがラクチンに。

水栓や鏡などの輝く部分

アルコールをスプレーしてふくと、手あかなどの汚れがするりと落ちてピカピカの輝きが戻ります。

外出先でつけた食べ物のシミ

携帯用のアルコールをスプレーして裏にウェットティッシュをあて、トントンとたたいて応急処置を。

窓の内側

内窓のおもな汚れは手あか。アルコールなら子どもが触れても安全で、結露やカビ予防にもなります。

子どもを掃除に巻き込む

子ども部屋には、小さめのコロコロを置いて、自分たちで掃除ができるようにしています。はじめはキャラクターのついたコロコロを置いてみたのですが、むしろ大人と同じ道具がよかったようです。子どもってごっこ遊びが大好き。わざわざ親の寝室に置いてある普通のコロコロを取りに行っているのを見て、大人と同じものを置くことにしました。娘はこのコロコロがけが大好きで、朝起きると、自分のだけでなくお兄ちゃんのベッドまできれいにしてくれます。

掃除道具を選ぶとき、子どもと共有することを考えて使いやすさや軽さに注目すると、それは大人のラクにもつながるように思います。

子どもに掃除を促したり、終わるのを待ったりするよりも、自分でやってしまったほうが早いことは多いです。ですが、最初は大変でも、一緒に取り組むうちに子どもは興味を持ち、だんだんと上達していきます。9歳の息子はずいぶん家事を覚え、助けになってくれるようになりました。今ではこちらがお願いしなくても、自分から掃除機がけをしてくれることも。片づけと同じように、きれいであることの気持ちよさを感じられたらいいなと思います。

子どもたちは、朝起きると自分で布団をたたみます。布団は丸洗いできてカバーいらずの「シンサレート（3M）」。

布団をたたんだ後は、コロコロでホコリや細かなゴミを取り除きます。

掃除機がけも自分で。「やらなきゃいけないもの」というより、「やったほうが気持ちがいいな」という感情を体験してほしい。

いつもきれいなキッチンに　すがすがしい気持ちで立つために

食事作りは毎日のこと。調理のたびに、水はねや油汚れが発生します。放っておくと汚れはどんどん頑固になり、取り除くのが大変になってしまいます。これを防ぐための最善策は、汚れたら時間をおかずにふき取ること。なるべく掃除しやすくするため、ワークトップには極力ものを置かないようにしています。ものがなければ、調理台の端から端までノンストップで布巾をすべらせることができます。

調理が終わったら、コンロの向こうの隅からシンクのこちらの隅までひとふき。壁に汚れが飛んでいたら、それもふいて。以前は、壁にスパイスラックを取りつけていましたが、どうしても汚れやすいため、取りはずして調味料やスパイス類はすべて引き出し収納に。流れでスイスイふくことができれば、1分もかからずきれいを維持できます。

日常的にふくことはないけれど、汚れがたまりやすく掃除しにくいところ——たとえば換気扇フードの上部やカバー内部など——には、あらかじめラップを敷くようにしています。汚れたらラップを取り換えるだけなので、換気扇

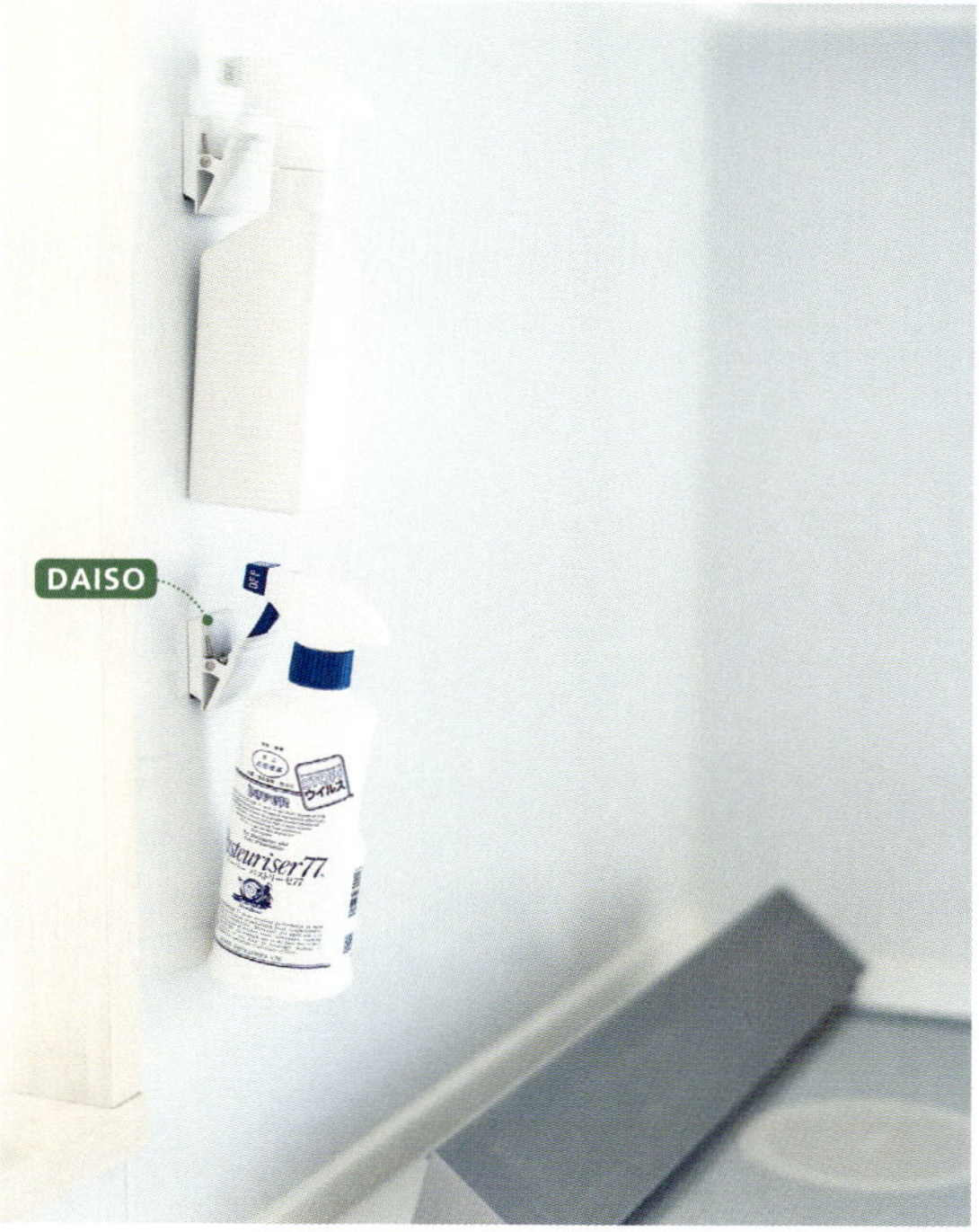

調理台上に唯一出ているのが、ダイソーのマグネットクリップにかけられた電解水とパストリーゼ。電解水は床ふきに、パストリーゼは除菌を兼ねて台ふきに使用。コンロ奥の排気口にはカバーをつけて油はねや汚れが入り込むのを防いでいます（ステンレスレンジ排気口カバー／村の鍛冶屋）。

まわりの掃除が格段にラクになりました。

同様に、冷蔵庫の扉ポケットや、キッチン収納の調味料入れの下にはキッチンペーパーを敷いておきます。取り換えるときは、捨てる前のキッチンペーパーでついでにまわりの汚れをふいてから。交換＝掃除できれいを維持しています。

料理が終わったらすべてを片づけ、キッチンのワークトップは何も置いていない状態に。お母さんの毎日はまずキッチンからスタート。いつも気持ちよく使いたいですね。

毎日すること

たくさん汚れがはねるキッチン床は、夜の食事の片づけが終わってからフローリングシートでふき取ります。木のフローリングなので、電解水を使用。油分もラクに落とせます。

ウエスでIHまわりの油をふき取ってから、パストリーゼを吹きつけた布巾で調理台全体をひとふき。油汚れはアルコールですぐにふき取ればするりときれいになります。

3か月に一度すること

換気扇フード上にラップを1枚しいておくだけで、換気扇まわりの掃除がかなりラクになります。ここは細かい場所に油汚れが入り込みやすい場所。ラップはだいたい3か月を目処に取り換えます。

ときどきすること

平たいお皿に重曹大さじ1を溶いたお湯を張り、レンジでチン。3分ほど放置してから庫内をウエスでふき取ります。汚れが落ちて嫌な臭いもスッキリ。

豊かな暮らしのヒントは日常の中に

流れ作業で家事をやっている最中、ふと気になったこと、家事のアイデアなどが頭にポンと浮かんでも、次の瞬間忘れてしまうことは多いです。忘れないうちにメモしておけば、「何か考えていたのに何だったっけなぁ……あぁ思い出せない」なんてモヤモヤするのを防ぐことができます。

メモすることは家事に限りません。「子どもの話の中にたくさん出てきた友だちの名前」「夫が食べたいと言っていたメニュー」などさまざま。バタバタしてたから忘れちゃったなぁ、などとスルーしがちな些細なことにほど、自分や家族が豊かな時間を過ごすための大切なヒントがある気がしています。

キッチンに立ったままサッとメモ。テレビ紹介でチラッと見て読みたくなった本から、子どもが言ったおもしろい言葉まで、何でも書きとめて。

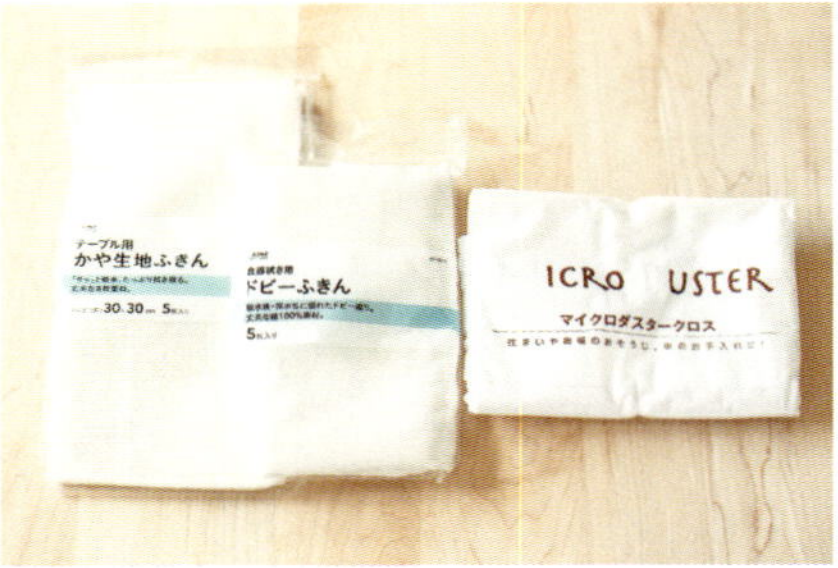

クロス３種類。左からカインズホームの「テーブル用かや生地ふきん」「食器拭き用ドビーふきん」、セリアの「マイクロダスタークロス」（キッチン用台ふきとして使用）。

キッチンにある3つのクロス

キッチンには、「食卓などの台ふき」「キッチン用の台ふき」「食器ふき」の3種類のクロスがあります。かけておく場所は、冷蔵庫の側面。ここはシンクから振り返れば取ることができて、正面から見ても目立たないなかなかの好位置。セリアのマグネットバーを活用しています。

最近では、子どもたちが食器ふきと食卓ふきの手伝いをしてくれるようになりました。以前よりマグネットバーの位置を下げ、バーにクリップを引っかけて、布巾をクリップにはさむ方式に。このほうが子どもは取ったり戻したりしやすいようです。キッチン用の台ふきは料理中に作業台をふくもので、私しか使わないため上のほうに広げてかけて。

毎日、使い終わった食器ふき用のクロスは洗濯機へ。台ふきはほうろう容器に入れ、水に酸素系漂白剤小さじ1ほどを混ぜて数分火にかけ消毒します。この消毒液は、最後に排水口に流し入れて寝ると配管内の掃除にもなります。

こういったクロス類、スポンジ、歯ブラシなどは、毎月1日に交換すると決めて清潔を保つようにしています。

クロスの定位置は冷蔵庫の側面。求めやすい価格のものをガシガシと使って気兼ねなく交換、使い終わったものは切ってウエスに。

広げてかけるよりクリップにはさむだけのほうが、子どもには簡単。

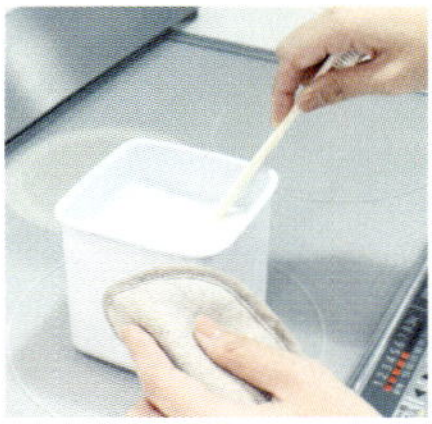

台ふきは、一日の終わりに煮沸消毒。

クロスのストックはほうろう容器に入れてキッチンのオープン棚に置いています。

わが家のキッチンにないもの

湿らせたスポンジでせっけんを数回こすってから食器を洗います。スポンジラックをなくした代わりに、せっけん置き（FLOW シリコンソープトレー）にスポンジも置いています。

わが家には、水切りカゴがありません。管理の手間や置く場所のことも考えて悩んだ末、なくすことに。では洗った食器をどうしているかというと、子どもが食事のときに使うトレーを最初に洗って横に置き、その上に食器を伏せていくようにしています。水はトレーからあふれるほどはたまりません。伏せた食器はクロスでふいてから所定の場所にしまいます。

同じように、シンク内のスポンジラックも汚れやすいので撤去。食器洗い専用洗剤もなく、固形せっけんで手も食器も布巾も洗います。「白雪の詩」という洗顔にも使える肌にやさしいせっけんにしたら、長持ちするし、泡立ちもよく、手荒れ対策にもなりました。スポンジにせっけんをつけてからお皿や鍋を洗います。

「あるのが当たり前」と思っているものでも、実はなくてもいいものがあります。ものが減ることで、家事がラクになることもある。「これいらないかも？」と思ったら、まずはどこかにしまい込んでみて、本当に必要かどうかを観察してみると発見があるかもしれません。

子どもが食事のときに使うトレーを最初に洗って。トレーは「タツクラフト カラフルピノトレー すべり止め付き」を使っています。

洗った食器をトレーの上に伏せていきます。

ふいたら引き出しや棚にしまいます。お皿によってはしばらく乾燥させてから。

ほかにわが家にないもの

- **炊飯器**……ごはんは鋳物ほうろう鍋のシャスールで炊きます。
- **バスタオル**……フェイスタオルの大きさで十分です。
- **排水口カバー**……掃除の手間が減りました。中も乾きやすい。
- **玄関マット、トイレマット、バスマット**……お風呂の後は、浴室でふきます。
- **お風呂のフタや棚**……すぐに汚れてしまうので、悩んだ末になくしました。災害用として浴槽用保温シートを持つように。

一日の最後に癒やされる掃除を

アロマせっけん水は無印良品のボトルに入れて。ウエスは小さくカットしたものをたたんで使用。

毎晩、キッチンすべての片づけが終わった後に、シンクの掃除をします。実はこれ、私のお楽しみなのです。それは自分で作った精油入りせっけん水のおかげ。これをシンクにまわしかけると、気持ちのいい香りがフワーッと広がって、まるで食器洗いをがんばったごほうびのよう！

作り方は、洗濯用の液体せっけん100㎖と重曹小さじ1を混ぜ、そこにユーカリやラベンダーなど好きな精油を30滴ほど加えて、最後に全体で300㎖になるまで水を足せばできあがりです。分量は目安で、だいたいでも大丈夫ですし、とっても簡単。市販の洗剤につけられた香りは苦手なのですが、精油の香りは自然で強すぎず、アロマ効果で疲れを取ってくれるような気がします。

シンクをこするのは、古布を小さく切ったウエスで。せっけん水をシンク全体にかけてこすり、最後は排水口の中まで拭ってきれいにしたらポイ。使い捨てなので、「スポンジを清潔に保たなくては」という管理の手間もありません。あれこれ試してきましたが、この方法はクレンザーを使ったときよりきれいになるし、香りに癒やされるしで大のお気に入りです。

精油は、シンク掃除にはユーカリが気に入っていますが、ほかにもラベンダーやレモンなど気分に合わせて好みで選んでいます。

蛇口やシンクの側面なども含め、せっけん水を全体にまわしかけます。

よい香りの中、ウエスでこすります。気持ちがいい！

バスルームをきれいに保つ

体をふいた後、タオルで浴室の水滴をササッとふき取って。

水あかやカビに悩まされがちなバスルーム。これらの発生を防ぐためには、なるべく水滴を長く残さないことが大切です。わが家では、毎晩お風呂の後に洗濯機を回すので、洗濯前のタオルで浴槽やぬめりの気になる場所の水気を吸い取ってから洗濯機へ入れています。かかる時間は1分くらいの気楽なもの。それでも、毎日1分のふき取りをしておくだけで、その後の状態はかなり違います。

念のため、私は最後に排水口の周辺と洗い場カウンターの裏など、カビやすいところにパストリーゼを吹きかけています。あとは使っていないときの換気に気をつけていれば、カビにお目にかかることはなかなかありません。

「毎日ふき取るのは大変……」という場合は、数日おきでも大丈夫です。ちょっとくらい湯あかがついたとしても、数日のうちに手を入れればすぐに取れます。汚れは放置しすぎたときが最も手強いもの。浴室も〝ついで掃除〟で汚れがこびりつく前にふく習慣をつければラクにきれいを保てます。そして、すぐに取りかかれるような環境づくりは〝ついで掃除〟を後押ししてくれます。水まわりがきれいだと、家全体が喜んでいるようないい気が流れます。

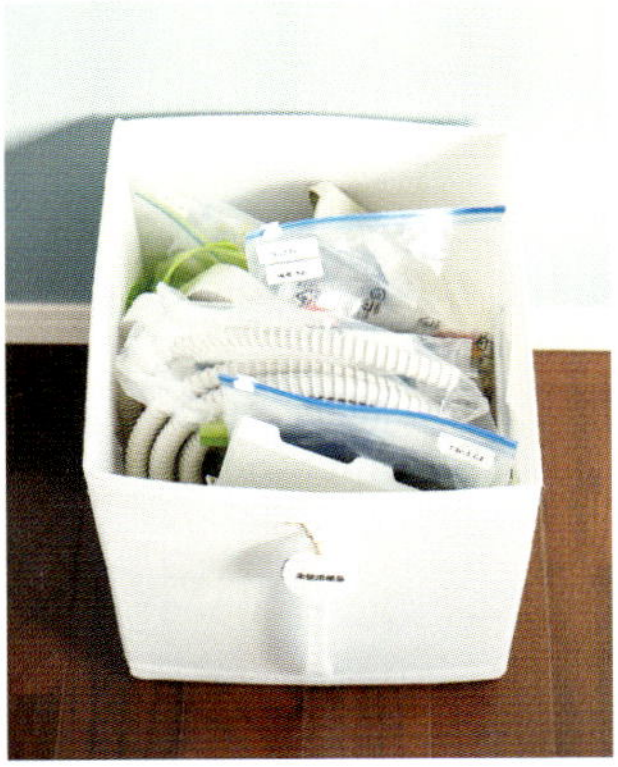

はずした浴室の棚は「未使用部品」ボックスへ。備品類は必要になる場面が出てくるかもしれないのでまとめてとってあります。ほかに入っているものは、家電に付属していた今は使わない部品など。

椅子も洗面器も吊るしておけば乾きやすく、床にもぬめりが出ません。細かい部分を掃除するときに使う歯ブラシもクリップで吊り下げて。

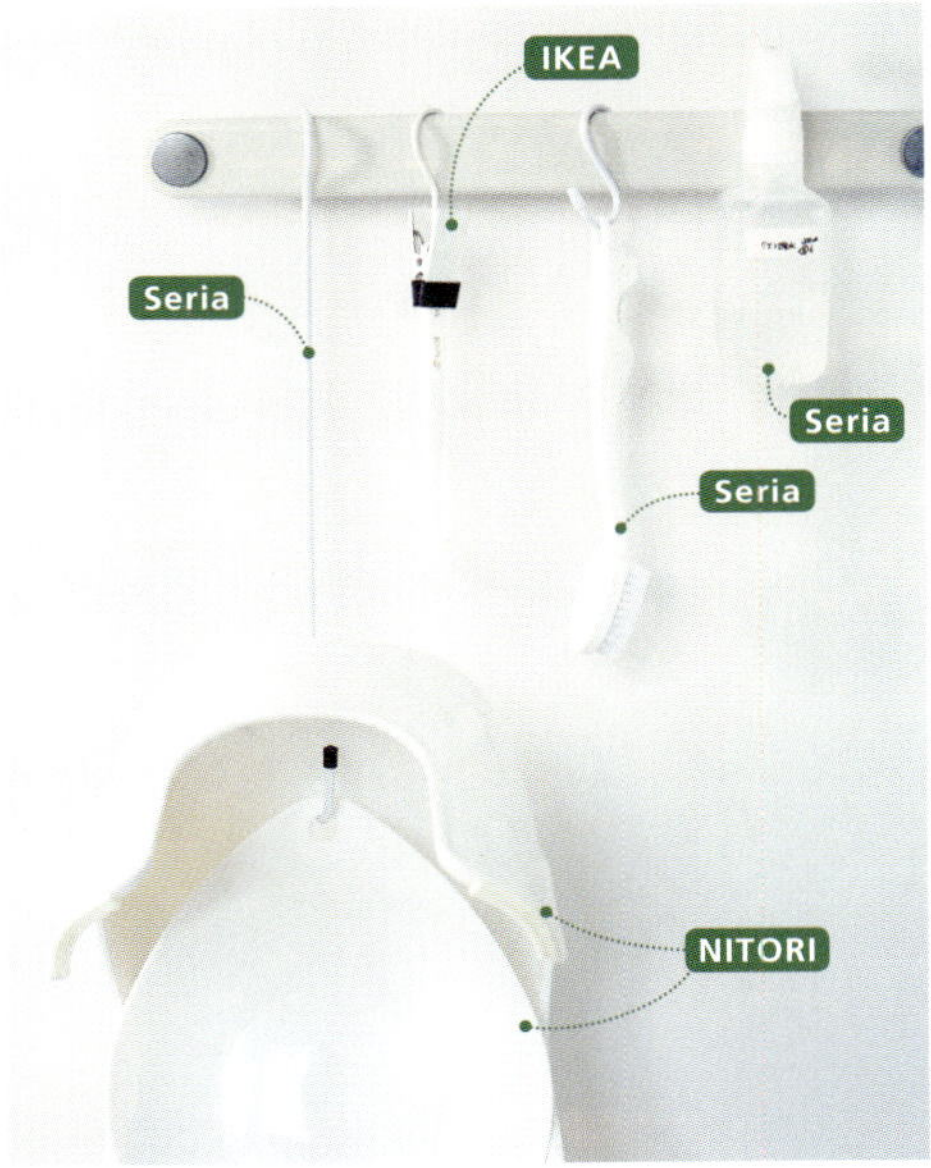

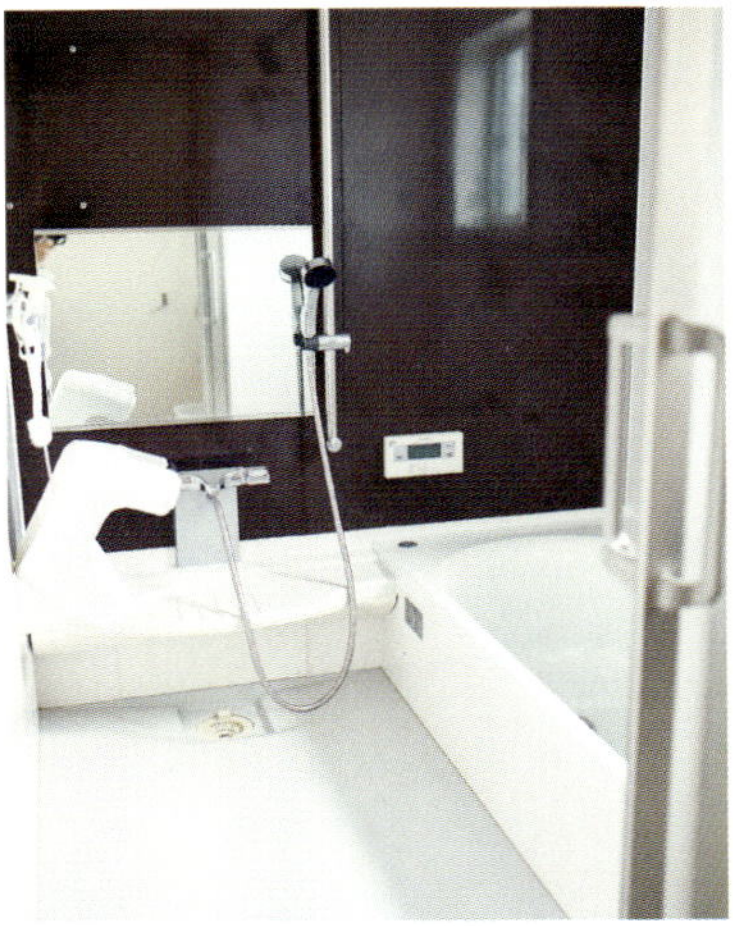

棚を取りはずし、平面には何も置かない状態に。

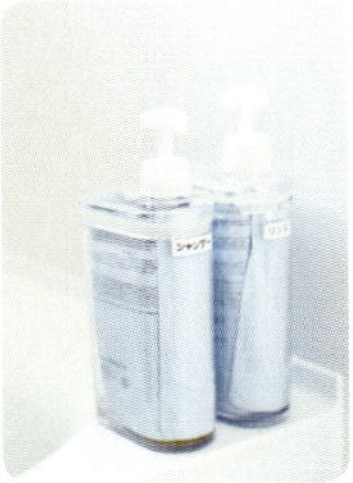

シャンプー類や洗顔料はカゴに入れてS字フックで吊り下げて。シャンプーは、中身を詰め替えずに袋のまま使える「LEC 詰替用スリムディスペンサー」を使用。スポンジは洗剤不要で水あかまでキレイにとれるという「スコッチ・ブライト バスシャイン（3M）」。

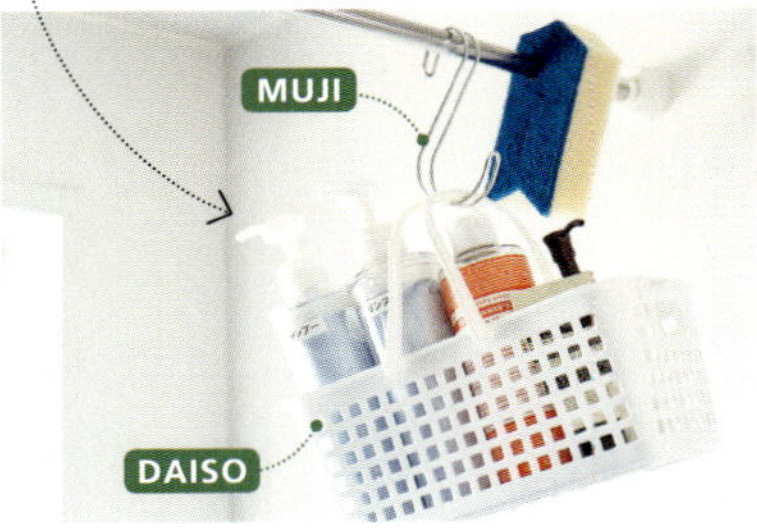

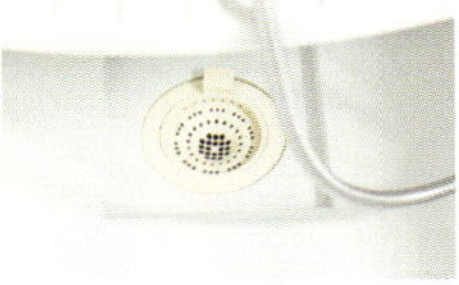

排水口のフタも取りはずしました。すぐにカラッと乾きます。

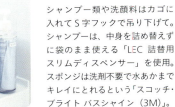

タオルはいろいろ試しています。2018年に使っていたのはsarasa design storeのフェイスタオル。

掃除のハードルを下げるために、入居時についていた浴室の棚や浴槽のフタは撤去しました。掃除しづらくカビやすい浴槽のフタは、悩んだ末になくすことに。代わりに災害用には浴槽用保温シートを常備しています。棚はぬめりが発生しやすいので使わず、吊るし収納にしています。水場こそ、先回りで汚れない状態にしてしまえば、そもそも掃除の必要がなくなってラクチンです。

タオルはサイズと数を決めて

体をふくのはフェイスタオルで十分事足りるなと気づきました。バスタオルは大きくて、洗濯でも収納でも場所をとります。バスマットも、普段は使わず来客用だけあります。

わが家で持つフェイスタオルは16枚と決め、年末に総入れ替えをするのが恒例です。タオルのブランドはあれこれ試している最中ですが、以前白を使っていたときはくすみが気になって酸素系漂白剤に浸けおきする必要があったので、今はグレーで統一しています。

毎晩、タオルとパジャマだけは洗った後乾燥機で乾かしています（夜間電力を使用）。乾燥機で仕上がる、フワフワのタオルがとっても気持ちいい。

お風呂の時間になると、棚から家族人数分のタオル４枚を取り、浴室ドア横にある洗濯機の上に重ねておきます。各自このタオルを使って浴室で体と足をふいてから脱衣所へ。

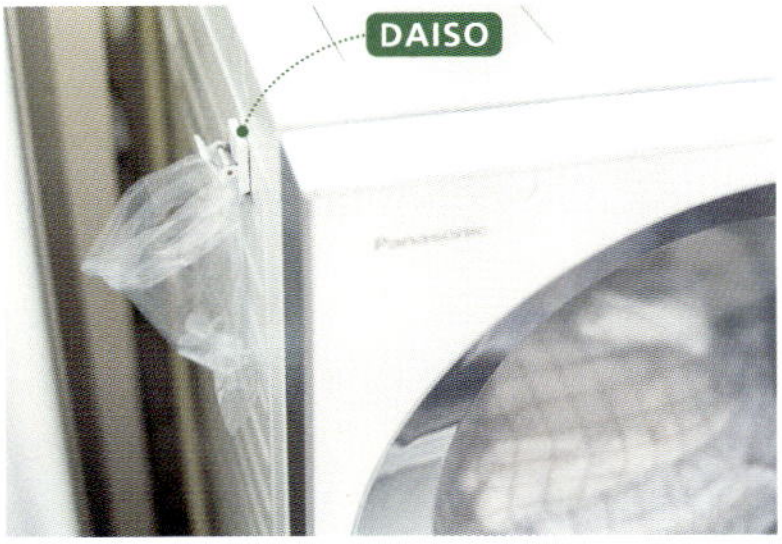

ゴミ入れは、洗濯機側面に取りつけたビニール袋。袋をマグネットクリップにはさんだだけ。浴室のドアを開けるとすぐに洗濯機が置いてあるので、浴室を出るついでにゴミをポイ。

タオルの定位置は、洗面所の棚の上。16 枚をここに重ねておき、体をふくのに使うほか、洗顔時や手ふきタオルとしても使います。

使いやすい掃除道具を探して

キャンドゥの「フローリング用シート立体厚手ドライ」は、起毛のうえ凸凹していて、汚れをよく吸着してくれます。

以前、リビングの床は洗う手間の必要なクロスのモップでふいていました。購入したときは、その「洗える」ところに惹かれて選んだのですが、日々使う中で手入れがなかなか追いつきません。掃除のハードルを下げるため、使い捨てにできるシートタイプのモップを使うことに。愛用しているのは、キャンドゥの厚手のシート。ボコボコと立体的な形状で汚れを取りやすく、壁紙の掃除にも最適です。同様に、ハンディモップも洗えるものから使い捨てタイプに変えました。

また、雑巾を持たず、代わりにウエスを使っています。使い古したタオルや布巾、着なくなった服などをハサミで切って、キッチンのシンク下、コンロのそば、洗面所や靴箱など、使うところに必要なサイズで配置しています。キッチンなど細かいところをふきたい場合は小さめ、雑巾のように使いたい場所には大きめに。

少しでも気軽に掃除をするための道具の見直しは、とても有効です。

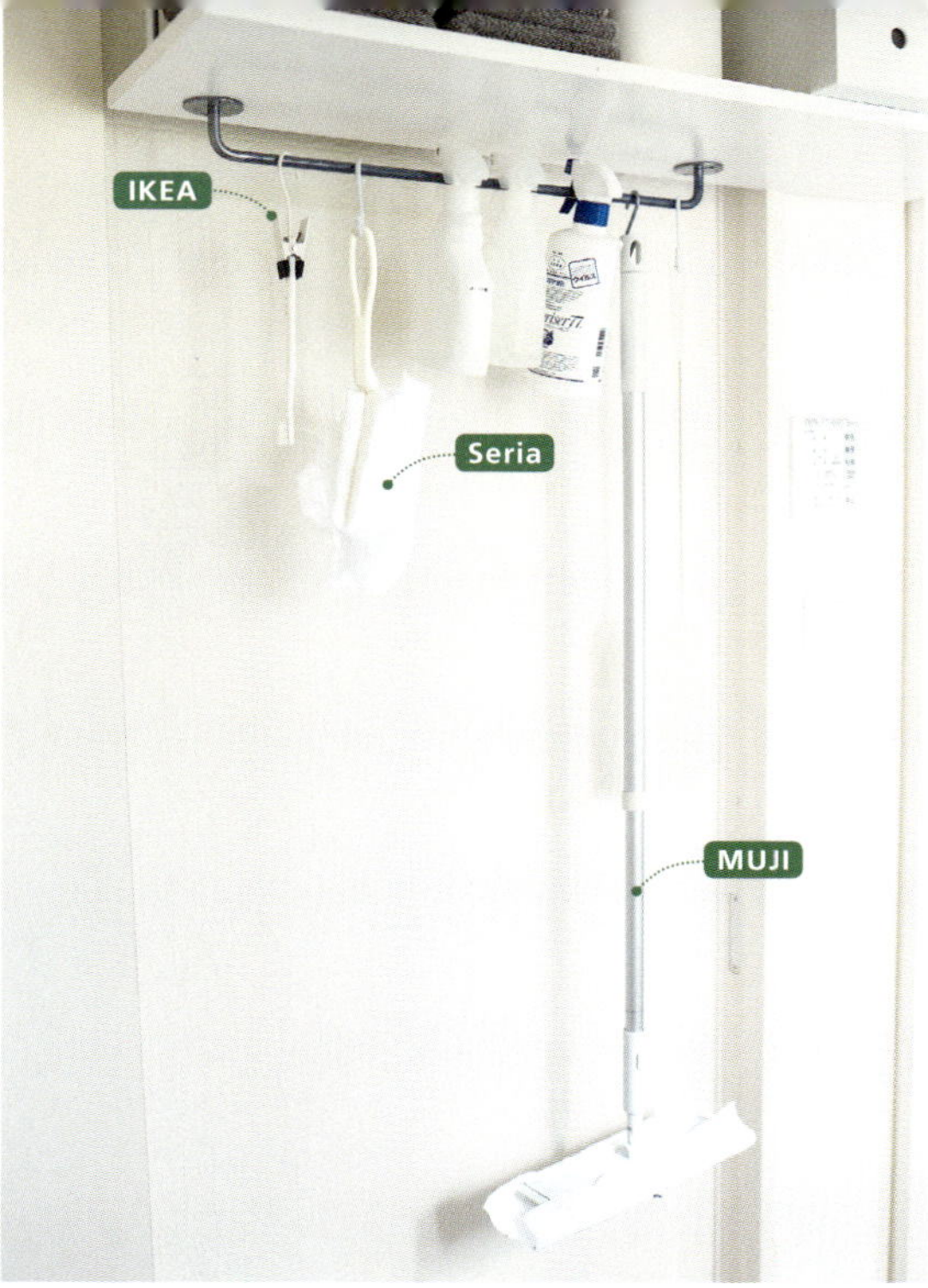

洗面所の棚の下にバーを取りつけ、掃除道具を吊り下げ収納しています。しまいこまれていないのでパッと取りやすく、家族にもわかりやすい。宙に浮いているのでその下を掃除しやすく、道具自体の清潔も保ちやすいです。

セリアの「スキマロングワイパー」は、厚みが1mmしかないのでかなり狭いすき間にも入ります。先端にフローリングワイパーのシートを付けることができます。

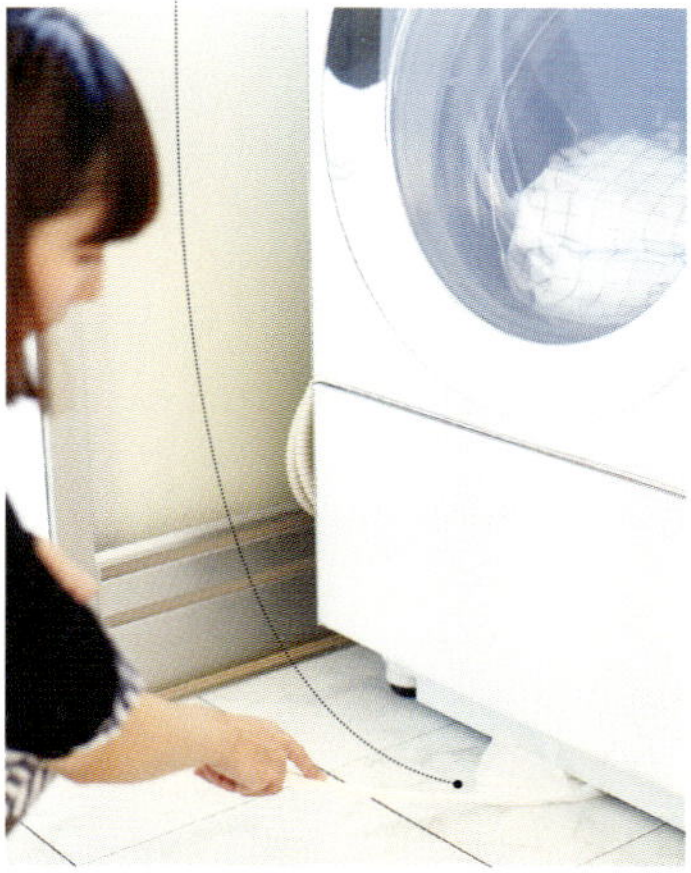

モップが汚れて捨てるときは、普段ふかないところまで徹底的にふいて使い切ってから。もったいない精神が家のきれいを促進してくれています。

ふわふわどこからともなく現れるホコリ。壁、電気カバーなどにホコリがくっつく原因は静電気。掃除してもきりなく床に落ちてきます。たまには壁の掃除機がけもすると、ふわふわホコリが軽減します。

半年に一度、やりたいこと

生活のリズムに取り入れた普段の〝ついで掃除〟が「ラクにキレイ」の鉄則ですが、時間にゆとりのあるときや年末などにまとめてする掃除もあります。

窓や網戸は、バケツにお湯をくみ、食器用洗剤を混ぜ、使い古しのタオルで窓の外側をビシャビシャに濡らします。その後スクイージーで水気を切って、残った水気を古タオルでふき取って終わり。仕上げの水ぶきは不要です。界面活性剤が汚れがつくのを防いでくれるので、キレイが長持ちします。

窓の内側は、パストリーゼを吹きかけた古タオルでふき上げます。窓が終わったら同じタオルで、網戸やサッシをふきます。ベランダは、酸素系漂白剤溶液をまいてブラシでこすりながら汚れを落とし、30分くらいおいて洗い流します。

電気まわりは、柔軟剤かリンスをお湯で溶いて、ハッカ油を入れたものでカバーをふき掃除。額縁やコンセントプレート上、巾木の上、時計の上などホコリの気になる場所もついでに。静電気防止効果でホコリよけ、虫よけになり、電気の明るさも増します。

窓と網戸の掃除の流れ

バケツ一杯のお湯に、食器用洗剤をひとまわし入れます。

窓の外側を、バケツのお湯に浸して軽く絞った使い古しのタオルや雑巾でビシャビシャに濡らし、スクイージーで上から下に向かって水を切ります。

窓を濡らす際に使った古タオルでついでに網戸もキレイに。網戸の汚れがひどい場合は、この作業の前にホコリを掃除機のブラシノズルで吸い取ってから。

サッシやレールもタオルでふいて。

窓の内側は、アルコール（パストリーゼ）を吹きかけながらみがきます。

column 2

掃除グッズを工作してみよう

家事を遊びのように“楽しみ甲斐がある”ものだと思ってもらいたいので、余裕のある休日などに「お掃除に便利なもの発明してみない？」と声をかけて工作道具を広げます。「窓のレール掃除が難しいんだ〜」なんて相談すると、工作好きな子どもたちはノリノリ！

ハサミやノリ、空き箱などの材料をまとめた工作セットを渡すと、車輪にコットンを巻いたり、ブラシに絵を描いたり、筒の中にウエスを詰めて自動で取り換えられる何かを作ったり……。それらを使って楽しそうにお掃除してくれるので、「すごいもの作ったね！」と驚いたり、「きれいになった！」と喜んだり。母子ともに楽しいひとときです。

リビングにラグを敷き、テーブルの上で作業。暮らすことの楽しさはすぐ近くに転がっています。

Part 3
疲れていてもラクにおいしく毎日の食卓づくり

週に一度の買い出し

メインの肉や魚のほかに必ず買うのは、ほうれん草や小松菜といった葉物、ねぎ、オクラ、プチトマト、根菜類。あとは季節の旬の野菜を選びます。

食材は、週末にまとめて1週間分を買い出しします。買い物の際は、3日くらいの夕飯のメインとお弁当のメインが大まかにでも決まっているとラク。家族のリクエストをメモしておいたり、仕事の昼休みや寝る前のすき間時間を使って、スマホにメモしておきます。

とはいえ、スーパーで安売りされている食材に合わせて変更することもあります。忙しいときは外食をしたり、お総菜を買ってくることもＯＫ。あくまでも無理せず、ルールというよりは悩む時間を減らして自分を助けるための工夫です。

買い出しの前は、冷蔵庫の食材をちょこっと整理。半端に余っている野菜を刻んでジッパーつき保存袋に入れて冷凍し、「みそ汁の具セット」や「チャーハンの具セット」を作っておきます。野菜は葉物や根菜類など数種類を組み合わせて冷凍しておくことが多いです。冷凍された野菜ミックスがあれば、中身を煮てみそを溶くだけ、もしくは炒めてごはんと混ぜるだけで、いつでもすぐに具だくさんの料理ができます。野菜を無駄にせずラクができて一石二鳥です。

Vacances

ジッパーつき保存袋を使って下ごしらえ。保存袋は、口を折り返してボウルの中に立てておくと倒れず作業しやすいです。

買い物したらやっておくこと

以前は休日に数時間をかけて、作りおきのおかずを作っていました。今はそのためのまとまった時間をとることが難しいので、普段の調理の「ついで」に簡単な下ごしらえをするようにしています。だいたい買い出ししてきた当日か、その次の日に、肉や魚が新鮮なうちに冷凍保存。

とくにお肉は、そのまま冷凍するよりも油分と一緒にしたほうがパサつかず、解凍後もおいしく食べられます。ごま油やグレープシードオイルとハーブ塩、塩麹で下味をつけるだけの、とても簡単な下ごしらえです。凍らせることで肉も野菜も組織が壊れて火が通りやすくなるので、時短にもなります。作りおいた料理は、時間の経過とともにどうしても味が落ちがちですが、「あとは焼くだけ」の下ごしらえなら、食卓にできたての料理を出すことができます。

また、「もっと食べたい食材」を食べる機会を増やしてくれるのも下ごしらえです。わが家ではきのこを何種類か買ってきたら、ほぐしてキッチンペーパーの上で少し乾燥させ、「きのこミックス」にして冷凍します。これがあると、ぐんときのこを食べる機会が増えるのを感じています。

簡単下ごしらえ❶

魚のムニエル

今回はタラで作りましたが、ブリ、鮭、サワラなどお好みのもので。食べるときは半解凍して、バターやオリーブオイルで焼くのがおすすめです。

食べるときは、タラを半解凍し、フライパンにバターを溶かして焼きます。レモン汁としょうゆを少し絡めて完成。

材料

下ごしらえ時
タラ、オリーブオイル、ハーブ塩、片栗粉

食べるとき
下ごしらえしておいたタラ、バター、レモン汁、しょうゆ

1. タラの切り身を買ってきました。

2. キッチンペーパーで水気をよくふき取ります。

3. オリーブオイルを小さじ2くらいまわしかけます。

4. ハーブ塩をまんべんなくまぶします。

5. 片栗粉を振りかけて。

6. 全体によくなじませます。

7. ラップに包んで空気を抜き、平らに。

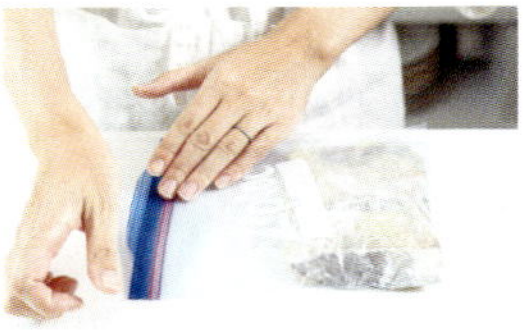

8. ジッパーつき保存袋に入れて。

9. ラベルを貼って冷凍庫へ。

簡単下ごしらえ❷

魚のみそ漬け

鮭に限らずお好みの魚で。みそで漬けるので、冷蔵庫で３～４日保存できます。冷凍しておくことも多いです。２日目くらいが食べごろ。

焼くときはフライパン上にクッキングシートを敷き、鮭を置きます。野菜と一緒にアルミホイルに包んでオーブントースターで蒸し焼きにしても OK。

材料

下ごしらえ時

鮭、みそ、しょうゆ、みりん、ごま油、すりごま

食べるとき

写真のソースは、チーズ（モッツァレラ）に牛乳を加えてレンチンしよく混ぜたもの。子どもが喜ぶ味で、夫にも「お店の味」と好評です。

1. 鮭の切り身４切れを買ってきました。

2. キッチンペーパーで水気をよくふき取ります。

3. みそ大さじ２、しょうゆ小さじ２、みりん大さじ２、ごま油小さじ１、すりごま少々を混ぜて漬けダレを作ります。

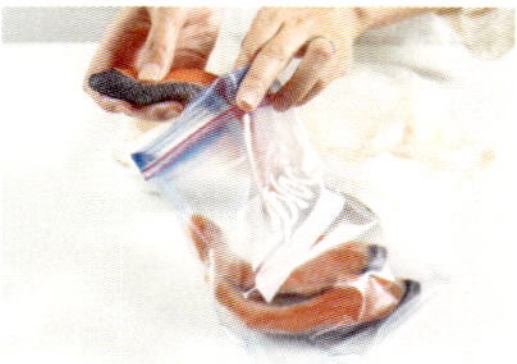

4. 鮭をジッパーつき保存袋に入れて。

5. 3で作った漬けダレを注ぎます。

6. よくなじませたら空気を抜いて。

7. ラベルを貼って冷蔵庫へ。

簡単下ごしらえ❸

肉と野菜のバジルチーズ炒め

市販のバジルペーストを使って簡単に。バジルペーストは平らに冷凍しておくと割って使えるので便利です。

半解凍して炒めるだけ。バジルで味をつけて冷凍しておけば、豚バラブロック肉がちょっと手の込んだごちそうに。

材料

下ごしらえ時

豚バラ肉（ブロック）、パプリカ（ピーマンを加えても）、バジルペースト、粉チーズ、オリーブオイル、塩・こしょう、にんにくチューブ

食べるとき

油や味が足りないようだったら、必要に応じて加えてください。

1. 豚バラ肉300gとパプリカ2個を買ってきました。

2. パプリカを細切りにします。

3. 保存袋をボウルに立てて安定させ、口を折り返してパプリカを中へ。

4. 豚バラ肉を約5mm厚さに切って保存袋に入れます。

5. 塩とこしょうをふります。

6. にんにくチューブをお好みの量入れます。

7. バジルペーストと粉チーズを入れます。

8. オリーブオイルを小さじ2ほど注ぎます。

9. 袋の上からもんで味をなじませ、空気を抜いて冷凍庫へ。

簡単下ごしらえ④

ひき肉を買ったら

ひき肉は、鶏でも豚でも合い挽きでも何でもOK。丸めてもいいし、平たくしても。よくきのこハンバーグや鶏団子スープを作ります。

豚ひき肉300gと玉ねぎ1個、卵1個、パン粉大さじ3、油少々を混ぜたものを大きめに丸めて蒸し、きのこソースをかけました。

材料

下ごしらえ時

【ハンバーグにする場合】豚ひき肉、玉ねぎ、しょうが、塩・こしょう、卵、パン粉

食べるとき（きのこソースの材料）

エリンギ、しめじ 各1パック、しょうゆ 大さじ2、みりん 小さじ1、オイスターソース 大さじ2、細ねぎ 適量

●ひき肉は味をつけておくと便利（写真はスープ用の肉団子やナゲットにする場合の味つけです）

1. 鶏むねのひき肉約250gを買ってきました。

2. 保存袋に肉と小口切りの細ねぎを入れます。

3. にんにくチューブをお好みの量入れます。

4. 塩麹を大さじ1ほど入れます。

5. 袋の上からよくもんで味をなじませます。

6. 袋から空気を抜いて平らにします。

7. ラベルを貼って冷凍庫へ。

娘がつかみ食べの時期にご飯を食べてくれなかったとき、これにすりつぶしたご飯を混ぜて片栗粉をまぶし、オリーブオイルで両面を焼いてナゲットにすると、喜んで食べてくれました。

野菜はこうしておくと新鮮長持ち！

買ってきた青菜（ほうれん草や小松菜など）は、根元に水を注いでから野菜室に入れます。こうすると1週間は新鮮で葉っぱがいきいき。レタスなどサラダ用の葉野菜は、よく冷やすことと適度な水分を切らさないことが長持ちのポイントのようです（下右）。大根やかぶは酢漬けにしておくと1週間ほどもちます（下左）。サラダに添えても。

青菜は水が漏れないようにケースに立てて。ニラと水菜は3㎝くらいに切って保存袋へ。ねぎは刻んで冷凍します。

大根・ラディッシュの酢漬け

だし入りのすし酢適量と砂糖小さじ1を混ぜて。

野菜の薄切りを漬けるだけ。食べきって残った漬け汁は1回まで野菜を再び漬けます。

サラダ用の葉野菜

サッと流水で洗い、葉の根元にパストリーゼを。

ほうろう容器に入れておけば1週間はシャキシャキを保てます。

料理しやすいキッチンを作る

わが家のキッチンは、背面がオープン棚になっています。家を建てるときに自分たちで大工さんに材料を渡して、取りつけていただきました。扉式にするという選択もありましたが、好きなキッチン用品がいつも見えるようにしたかったからこの形に。並ぶのは、実際に使っているお気に入りの道具類です。「オープン棚は掃除が大変では？」とよく聞かれるのですが、ここはお手入れのしやすさよりも、好きな空間にすることを選びました。ですが、週に一度でも手に触れるものならホコリはあまり積もりません。洗ってふいた道具を置いておくと、きれいに乾いてくれるのもオープン棚の利点です。

キッチンは、14ページでお話しした洗剤の次に、収納を見直した場所です。キッチンには、食器やツールなど、かわいいデザインのものが多くあります。でも、見た目だけでなく使い勝手もよくないといけません。お手入れのしやすさも重要です。木製の取っ手のものは手放すなど、見直して数を絞りました。

背面はオープン収納ですが、シンク側の作業台には調理時以外は何も置かないことで使いやすさを保っています。

お気に入りの道具、思い出のマグカップなど、普段使いのものを目に入る場所に。耐熱計量カップは何かと便利で毎日活躍しています。

オープン収納と、クローズ収納

「見える」と「しまう」のバランスは難しいですが、何度もやり直しをして今の形に落ち着いています。オープン収納の魅力は、湿気がたまらず、取るのも片づけるのもワンアクションでできる気楽さです。色味の統一は、オープン収納をスッキリ見せるうえで重要なポイント。白いイケアの引き出しつき棚*を置き、食器やツールの収納に使っています。

子ども用食器

子どもの箸とカトラリー、カップはまとめて。食事のときは子どもが自分でボックスごと取り出します。

カトラリー

カトラリーは引き出しの中でゆるやかに分類して。

毎日使う食器

ごはん茶碗と汁椀はトレーにのせて、すぐに取り出せる位置に。

そのほかの食器

食器類は、引き出しの中にすべり止めシートを敷いて収納。引き出し内にディッシュラックを置き、お皿は立てて。

*この棚は本来は食器棚ではないので、大工さんに底板などを補強してもらい、食器収納として使用しています。

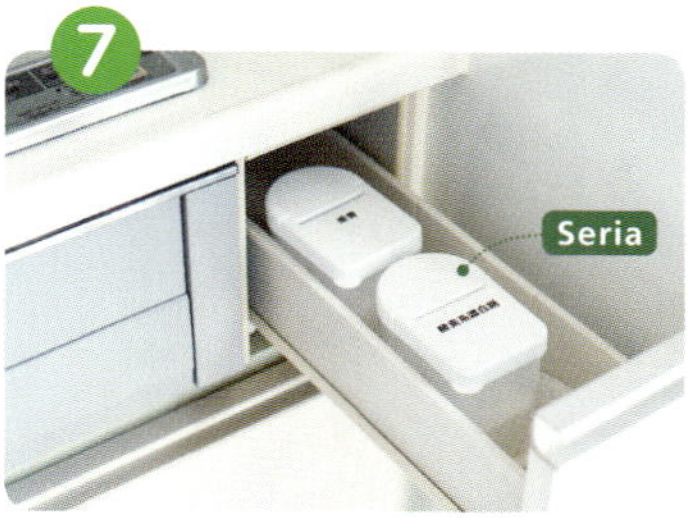

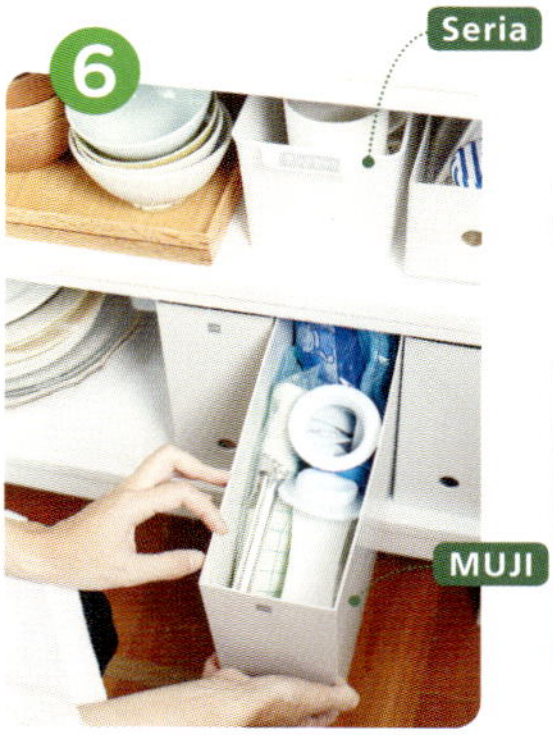

重曹と酸素系漂白剤

布巾の煮沸消毒やほうろうの汚れ落とし、生ゴミ処理などに使います。サッと取れるようコンロ下の引き出しに配置。

看病グッズ

意外とかさばる氷のうなどを、水筒横にファイルボックスを並べて収納。冷蔵庫に近く、すぐに作業できます。

水筒

子どもたちが使う水筒の定位置はこのファイルボックス。オープン棚なので乾燥しやすく取り出しやすい。

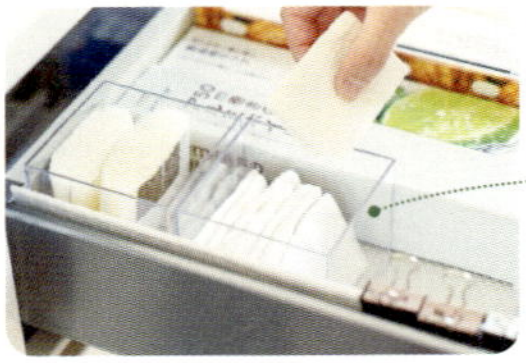

ウエスは小さく

使い古しのキッチンクロスなどを小さく切ってウエスに。シンク掃除に使い、排水口までこすってポイ。食器を洗う「サンサンスポンジ」は半分に切ってストックしています。

8

一番上の浅い引き出し収納

開けやすい高さにある一番上の引き出しには、使う頻度の高いこまごまとしたものを、100円ショップのボックスなどを用いて仕切って収納しています。

クリップとマスキングテープ

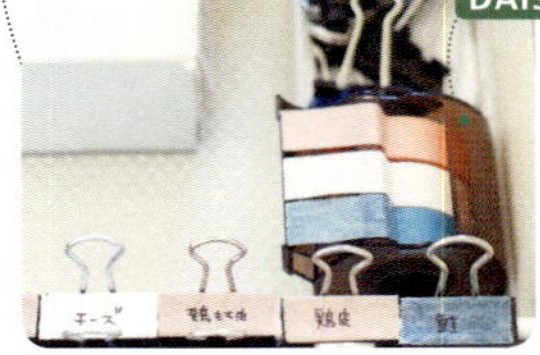

よく使う食材名をダブルクリップに記しておけば、その都度書く手間が省けます。ここにクリップがある＝冷蔵庫に食材がないということで買い物のヒントに。

マスキングテープに早めに食べたい食材名を書き、冷蔵庫野菜室の扉上に貼っておけば、消費し忘れを防げます。

ラップは業務用を

アルミホイル、ラップ、クッキングシートは、買う頻度を減らすため、なるべく長いもの（50～100メートル）を買っています。

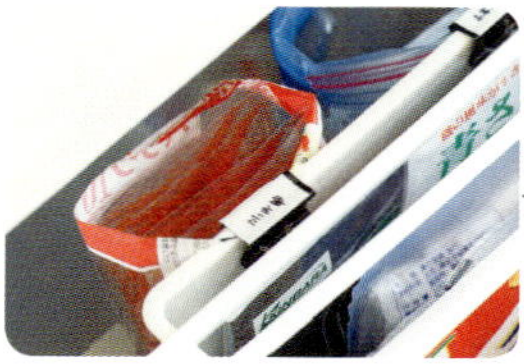

ダブルクリップで定位置作り

乾物用のボックスの奥に、ダブルクリップで袋をとめて中に小さなパックを収納。かつおぶしとお茶漬けのもとです。

9 深さのある引き出し収納

高さをいかして、大きなストッカーや乾物の吊り下げ収納をしています。上から見たときの一覧性が大切なので、上面にラベリングをして見やすく。常備しておくものには定位置を与え、切れたらすぐわかるように。

乾物は一覧できるように

乾物ストックは、「LIHIT LAB」のスライドバーにはさみ、ボックスを置いて吊るしています。

粉ものは袋ごと密閉容器に

以前は粉ものは袋から出して詰め替えていましたが、今は袋ごとニトリの密閉ケースに入れる形に。「てんさい糖とグラニュー糖」などふたつの袋をひとつのケースに入れているものもあります。ケースの中で袋は口を折り返して空けっぱなしにし、中にスプーンを入れています。

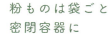

冷蔵庫をうまく使うために

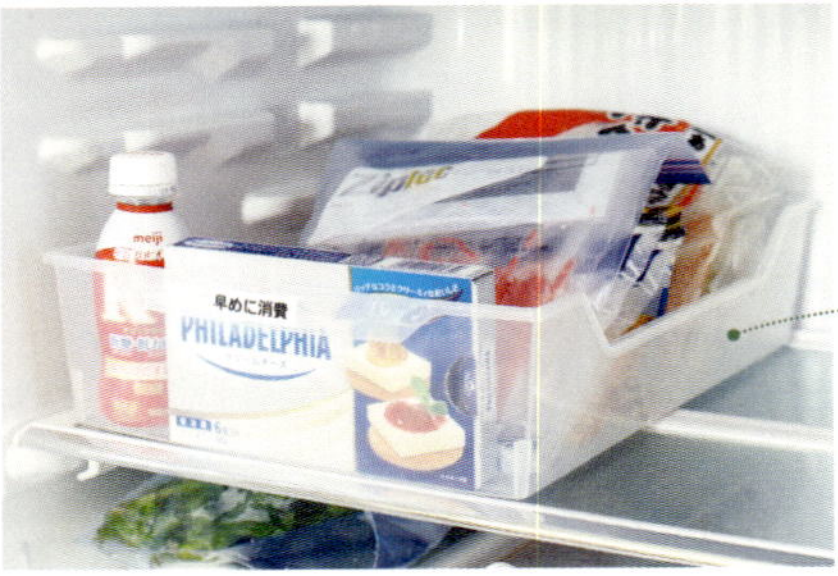

賞味期限の近い「早めに消費」したいもの専用のトレー。献立を決めるときにまずチェックする場所。

Seria

冷蔵庫は、期限があってしかもそれぞれ違う役割を果たすさまざまなものが、たくさん詰まった大きな箱です。何があっていつまでに使うべきなのか、簡単に把握できることが必要な収納場所です。

一番わかりやすいのは、ケースで仕切って定位置管理することだと思いますが、以前あまりに仕切りすぎて中身が見えず、かえって使いにくくなってしまったことがありました。そこで今気をつけているのは、ケースは透明で中が見えるということ。そのケースも最低限で、わが家では「早めに消費」というくくりだけを透明のトレーに定位置管理しています。「みそ」「雑穀米」などは定番で常にあるので、一番上の段の見にくい場所でも見失いません。取りやすいよう、取っ手つきの容器に入れて。そのほか、「ボトル調味料は扉のポケット」「一番下段は常備菜やサラダ野菜の容器」とざっくり置く場所を決めています。

また、冷蔵庫のように変動の大きな収納は、見やすい位置にフリースペースを作っておくととても便利です。早く消費したいものをわかりやすくそこにまとめたり、鍋ごと置いたりしています。

パッと見てどこに何があるかわかる収納の基本が、どこより大事な冷蔵庫。一般的に収納の中にものは８割と言われますが、冷えが関わるここに限っては７割を目安にしています。

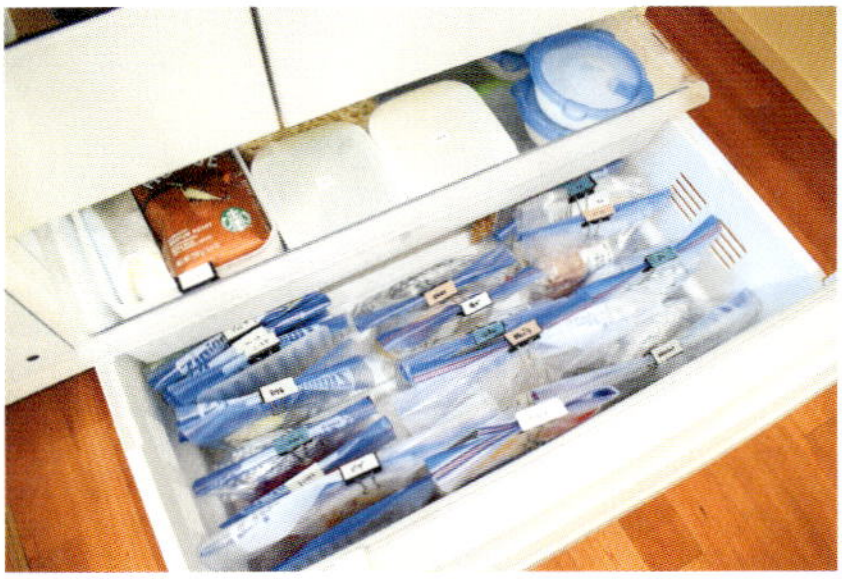

冷凍室には、下ごしらえした食材など。保存袋を折り返して、ラベリングしたダブルクリップでとめています。こうすると収めやすく、一覧性も叶えられます。

野菜室にボックスを入れ、野菜を立てて収納。底には新聞紙を敷いています。調味料ボトルの下には、液だれ対策のキッチンペーパーを。

水筒の手入れを簡単に

タイガーのステンレスボトル「サハラクール」。息子がブラック、娘がグレーを愛用しています。

子どもたちは毎日水筒を持っていきます。水筒は入り組んだつくりなので毎日のお手入れが大変。私もそれで悩まされ、水筒選びで気をつけるようになったことがありました。

まず、手を入れて中を洗うことのできる広口のボトルであること。これで柄つきスポンジを使わずにすみ、管理の手間をひとつ手放すことができました。そして、乾きにくくカビやすいゴムパッキンは、毎日すべてはずして洗いたいので、つけはずしがしやすいことも大切です。はずしにくかったり、つけるのが難しかったりすると、ついついお世話の手が遠のきがち。「しやすい」ことはとても大事だと思います。

この水筒は、そのうえカバーを洗濯機で洗えます。最近は洗えるカバーが多いようなのでありがたいですね。カバーの底が樹脂製で丈夫なのもポイントでした。

毎日使うものだから、日々積み重なる汚れが気になります。そして毎日使うものだから、手入れがラクだととても助かります。

[そのほかの便利な子どもグッズ]

幼児食のころから小学生の現在も使っている無印良品のキッズ用平皿とプラコップ。平皿はフチがあってスプーンやフォークですくいやすいです。

お出かけ用として重宝したBetter-goods coのお食事エプロン。やわらかくてつけ心地がいいからか嫌がらず、何十回と洗濯してもシワになりません。

ラベルは「ピータッチ」で作成。コンパクトでコードレス。水筒の名前もこれでつけています。水気に強い丈夫なテープがおすすめ。

パーツは取りはずしが簡単。毎回すべてをはずし、食器と同じようにせっけんとスポンジで洗います。

手を入れてすみずみまで洗えるのが気持ちいいです。

収納は、ファイルボックスに入れてオープン棚に。ボックスの横にパーツ用の小さなカゴをクリップで取りつけてしまっています。

水筒に「エコカラット ボトル乾燥スティック」を入れて、中をカラリと乾かします。

具だくさんスープさえあれば

バインダーに自己流にアレンジしたレシピメモを入れています。作るときは取りはずしてマグネットクリップではさみ、キッチンの壁に貼りつけて。

スープ、ポタージュ、みそ汁にお吸い物。子どもたちも含め、家族全員スープが好きです。娘には嫌いな野菜が多かったのですが、スープに入れれば食べてくれました。煮汁ごと栄養がとれるし、煮るだけなのでスキマ時間に作っておけます。魚や肉が入れは立派なおかずになります。

夕食時に多めに作って、翌朝に食べることもあります。朝に栄養たっぷりの温かいスープを食べられるのは幸せです。みそ汁はみそを入れる前に翌朝の分を別容器に移しておき、食べる直前にみそを溶かすようにしています。

「だご汁」は九州の郷土料理で、薄力粉で作ったすいとんのような団子が入っているスープ。実家ではこの「だご」を半分強力粉で作ってすりごまを入れていたので、わが家もこの味が定番。風味があってモチモチとして、子どもたちも大好きな味です。

レシピにはひと工夫をして〝うちの味〟を出したいと心がけています。料理初心者のころはレシピ通りにきっちり量って作っていましたが、今では材料を肉から豆腐へ変えてヘルシーにしてみたり、家にある材料でなんとかしたり、メレンゲを作ってお好み焼きに加えてみたり。

工程についても、先に野菜を切っておけないかな？ ポリ袋を使ってラクできないかな？ とあれこれ考えます。料理上手ではないけれど、これいいな！ という発見を楽しみに変えることで、料理は好きな家事のひとつになりました。

だご汁

材料

強力粉…30g
薄力粉…30g
すりごま…適量
大根…1/2 本（食べやすい大きさに切る）
にんじん…2 本（食べやすい大きさに切る）
豚バラ肉…150g くらい（ひと口大に切る）
里いも…3 個（ひと口大に切る）
油揚げ…3 枚（食べやすい大きさに切る）
だし汁…700ml くらい
みそ…適量
小ねぎ…適量

作り方

1. 強力粉、薄力粉、すりごまをボウルに入れ、温かいだし汁を加えながらよく練る（ひとまとまりになるようにだし汁の量は調節してください）。濡れ布巾をかぶせてその上にラップをして半日ほどおく（これが「だご」です／写真 a）。
2. 鍋にすべての具材を入れてだし汁で煮る。だごをちぎりながら鍋に入れる（b）。中火で煮て、火が通ったらみそを溶いて好みで小ねぎとすりごまを散らす。

b

ちぎりながら汁の中に加えていきます。

a

だごの材料をよく練って半日ほどおくと、ふっくらモチモチに。

鮭のみそ汁

魚のだしがよく出ておかずのように食べられるみそ汁です。最後にごま油をたらりと。

材料

鮭…3切れ
大根…1/3本（いちょう切り）
にんじん…1本（いちょう切り）
しめじ…1株（石づきを取り除く）
こんにゃく…1袋（ひと口大にちぎる）
じゃがいも…2個（ひと口大に切る）
ほうれん草…適量（ざく切り）
厚揚げ…2枚（短冊切り）
酒…少々
だし汁…600ml くらい
みそ…適量
すりごま…少々
ごま油…少々

作り方

1. 鮭を軽く洗って骨を取り除き、ひと口大に切って酒をまぶしておく。
2. 大根、にんじん、しめじ、手かスプーンでちぎったこんにゃくを鍋に入れ、だし汁を加えて火が通るまで煮る。
3. 鮭、じゃがいも、ほうれん草、厚揚げ、すりごまを加えて中火で煮る。火が通ったらみそを溶き入れ、ごま油をたらしてできあがり。

＊野菜はすべて揃わなくても OK。好みのものを入れてください。

ミニトマトと鶏ひき肉のスープ

冷凍しておいたミニトマトを入れた、ほどよい酸味がおいしいスープ。食卓に彩りを出してくれます。

材料

鶏むねひき肉…150g
ごぼう…1本（ささがき）
白菜…4枚（食べやすい大きさに切る）
ミニトマト…1パック（ヘタを取る）
オリーブオイル…適量
鶏が ++ らスープの素…適量
ハーブ塩…適量

作り方

1. 鍋にオリーブオイルと鶏むねひき肉を入れ、ポロポロになるように炒める。ごぼうも加えてさらに炒める。
2. 白菜、ミニトマトを入れて水を 800ml ほど加えて中火で煮込み、火が通ったら鶏がらスープの素、ハーブ塩で味をととのえる。

肉団子入り豆乳スープ

干しエビがスープの中でいい仕事！ しょうがが入っていて温まります。家族みんなに好評です。

材料

鶏むねひき肉…200g
れんこん…1節分くらい（みじん切り）
しょうが…1/2片（みじん切り）
卵…1個
片栗粉…大さじ1
大根…1/2本（3cmくらいの細切り）
チンゲン菜…2束（ざく切り）
干しエビ…大さじ3
豆乳…500ml
にんにくチューブ…小さじ1
ウェイパー…適量

作り方

1. 鶏むねひき肉に細かく切ったれんこんとしょうがを加え、卵、片栗粉を入れて手でよく練る。
2. 鍋に、大根、チンゲン菜、干しエビを入れてひたひたの水を加え、煮る。
3. 野菜に火が通ったら豆乳を入れて中火で温め、1. を手で団子状にしながら加えていく。鶏団子に火が通ったら味をみながらにんにくチューブとウェイパーを加え、少し煮てできあがり。

＊お好みで黒いりごまを散らしたり、スプーン1杯ほどの黒酢をかけてもおいしいです。

にんじんとりんごのポタージュ

子どもたちが大好きで、小さいころからよくリクエストされました。さつまいもを入れることも。

材料

にんじん…1本（乱切り）
りんご…1個（乱切り）
豆乳…200ml
コンソメ顆粒…小さじ2
（お好みで）パセリ…少々

作り方

1. にんじんとりんごを小さめの鍋に入れてひたひたの水を加え、煮る。やわらかくなったらハンドブレンダーで攪拌。
2. 豆乳を加えて中火で温めながらよく混ぜ、コンソメを入れてできあがり。お好みでパセリを散らす。

疲れたときのお助けどんぶり

くたびれて帰ってきた日には、ワンステップでできる冷凍〝どんぶりのもと〟があると本当に助かります。肉や魚、野菜に下味をつけて冷凍しておくだけの簡単な下ごしらえで、使うときは半解凍して一気に炒めるだけ。丼ものは子どもも喜ぶし、簡単なスープをつければ立派な定食に。

どんぶりのもとを作るときには、それぞれの料理に合う油をプラスするのがポイントです。お肉がやわらかく、パサつかずに冷凍できます。いくつかレシピをご紹介しますが、味加減や材料はお好みで。切り方も好きなように、ラクなようにやってみてください。

下ごしらえするときの保存袋は、ボウルの中で広げて口を少し折り返して使うと材料を入れやすく、ボウルを汚さずに具材を混ぜられます。調理法を袋にメモしておけば、夫や祖母など自分以外の人に調理してもらうこともできます。

同じように、「ひじきごはんのもと」、ごはんを炊くとき一緒に入れるだけの「混ぜごはん（にんじん、小松菜、じゃこ、ちくわ）のもと」なども家族に人気。食も進んで栄養たっぷりです。

牛丼

|食べ方| 半解凍し、フライパンに水200mlと一緒に入れて中火で煮込む。器にごはんをよそい、上に具をのせる。お好みで紅しょうがを添える。

材料

牛薄切り肉…300g（食べやすい大きさに切る）
玉ねぎ…1個（薄切り）
ごま油…少々
めんつゆ…大さじ4
みりん…大さじ2
すりごま…少々
しょうがチューブ…少々

作り方

すべての材料をジッパーつき保存袋に入れ、調味料をよくなじませる。空気を抜いて平らにし、冷凍庫で保存。

鶏照り焼き丼

材料

鶏もも肉…1枚（ひと口大に切る）
きのこ類（しめじ、えのき、しいたけなど）…適量
ごま油…大さじ2
みりん…大さじ2
しょうゆ…大さじ4
しょうがチューブ…少々
すりごま…少々

作り方

すべての材料をジッパーつき保存袋に入れ、調味料をよくなじませる。空気を抜いて平らにし、冷凍庫で保存。

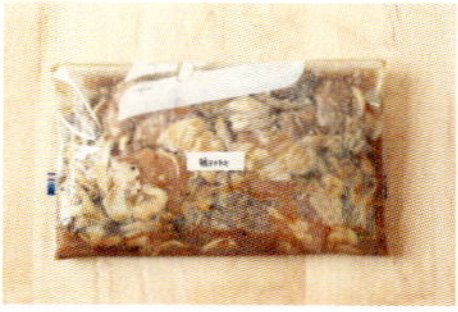

| 食べ方 | 半解凍し、ごま油（分量外）をひいたフライパンで焦がさないように中火で炒める。器にごはん→せん切りキャベツ（材料外）→鶏の順番に盛る。お好みでマヨネーズをかけ、刻みねぎを散らす。

中華丼ケチャップ味

材料

豚肩ロース薄切り肉…300g（食べやすい大きさに切る）
にんじん…1本（半月切り）
ピーマン…2個（乱切り）
玉ねぎ…1個（くし切り）
むきアサリ、ベビーホタテなど…200g
ごま油…少々
紹興酒…少々
ケチャップ…大さじ1
しょうゆ…大さじ1
塩・こしょう…少々
ウェイパー…小さじ1

作り方

すべての材料をジッパーつき保存袋に入れ、調味料をよくなじませる。空気を抜いて平らにし、冷凍庫で保存。

| 食べ方 | 半解凍し、フライパンに水300mlと一緒に入れて中火で煮込む。片栗粉大さじ2を同量の水で溶いて加えてとろみをつける。器にごはんをよそい、上に具をのせる。

親子丼

| 食べ方 | 半解凍し、フライパンに水300mlと一緒に入れて中火で煮込む。溶き卵4つを加えてフタをし、半熟で火を止める。好みで三つ葉や刻みねぎを散らす。

材料

鶏もも肉…1枚（ひと口大に切る）
玉ねぎ…1個（くし切り）
ごま油…少々
みりん…少々
砂糖…大さじ1
めんつゆ…大さじ4
しょうがチューブ…少々

作り方

すべての材料をジッパーつき保存袋に入れ、調味料をよくなじませる。空気を抜いて平らにし、冷凍庫で保存。

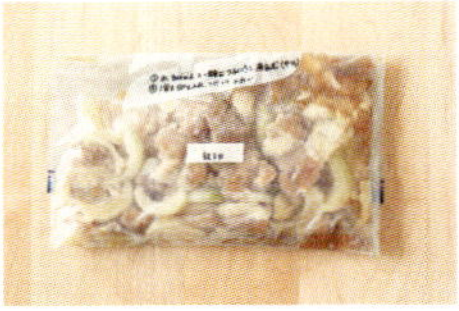

回鍋肉風丼

| 食べ方 | 半解凍し、ごま油（分量外）をひいたフライパンで焦がさないように中火で炒める。器にごはんをよそい、上に具をのせる。

材料

豚バラブロック肉…300g（5㎜厚さに切る）
キャベツ…1/4玉（ざく切り）
玉ねぎ…1個（くし切り）
ピーマン…2個（乱切り）
ごま油…少々
紹興酒…少々
オイスターソース…大さじ2
みそ…大さじ1/2
しょうゆ…小さじ1
にんにくチューブ…少々

作り方

すべての材料をジッパーつき保存袋に入れ、調味料をよくなじませる。空気を抜いて平らにし、冷凍庫で保存。

油の始末とゴミの始末

再利用する油は酸化をなるべく防ぐため冷蔵庫で保存しています。

からあげとコロッケ、アジフライはわが家の人気メニューなので、たまに揚げ物をします。揚げ物といえば気になるのが、周囲の油汚れと使い終わった油の処理方法。揚げるときは、油はね防止のフタ（網）を使い、揚げ油には、カラッと揚がって体にもよいグレープシードオイルを使っています。一回使って捨てるのには抵抗があるため、使用ずみの油は、ザルにキッチンペーパーを敷いて濾してほうろう容器に入れて冷蔵庫へ。オイルポットを新たに持たなくてもこれで十分。揚げ物や炒め物のときに再利用します。

同様に、わが家ではとくに生ゴミ用の三角コーナーなどは持たず、バットの上に新聞紙を敷いて生ゴミ置きとしています。バットなら面が広いので、むいた野菜の皮を下で受けるのも簡単。バットに敷く新聞紙は、すぐ取れるようにシンク下の引き出しに収納しています。

キッチンは料理をするところなので、生ゴミや油系のような管理を必要とするゴミが日々出る場所でもあります。ストレスなく対応できるようにしておけば食事作りがより快適になることを感じています。

揚げ物をするときはニトリの油はね防止網を使っています。

バットの上に新聞紙を敷き、生ゴミ入れとして使います。野菜の皮などはこの中へ。

↓

捨てるときは重曹かコーヒーかすを振りかけて。

↓

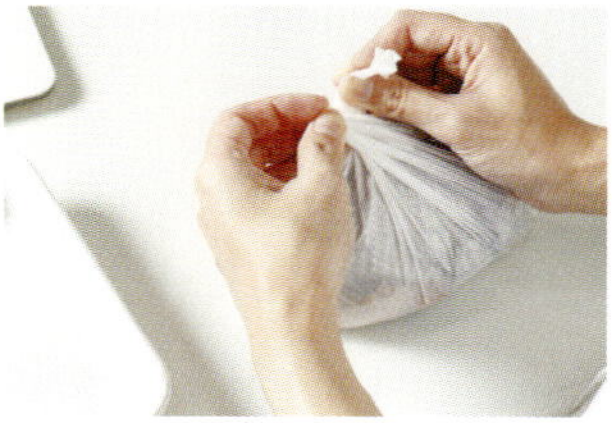

新聞紙ごとくるんでから防臭袋に入れて捨てます。

揚げ物で使用した油は、ザルの上にキッチンペーパーを敷いて濾します。ほうろう容器にフタをして冷蔵庫へ。グレープシードオイルは冷蔵しても固まりません。

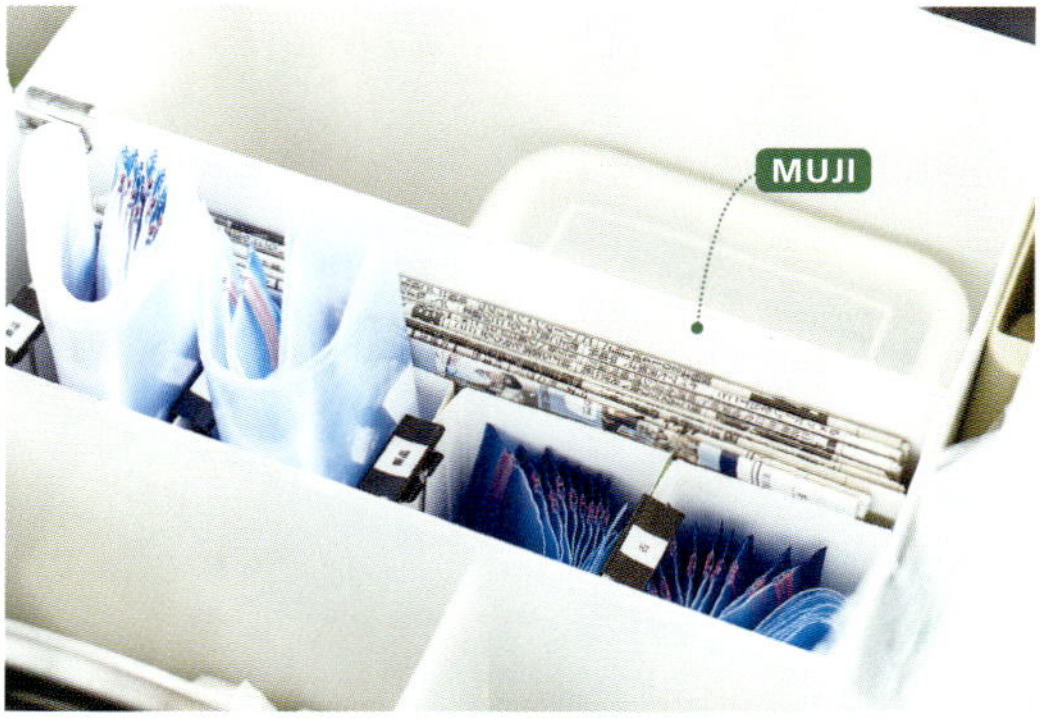

キッチンのシンク下の引き出しに置いたファイルボックスに、新聞紙を１枚ずつたたんで入れてあります。こうしておくとすぐに使えて便利。新聞紙の横には、ジッパーつき保存袋を立てて収納。

column 3

上の子だけとお出かけする日を

妹が生まれる前日まで乳離れせず、腱鞘炎になるほど抱っこマンだったお兄ちゃん。妹の出産に立ち会って兄としての自覚が出たのか、ぱったりと卒乳して食べ物の好き嫌いも克服し、赤ちゃん返りもしませんでした。

安心もしましたが、どこか背伸びして一生懸命「お母さんを困らせないようにしよう」とするやさしさを感じ、うれしいような、少し胸が痛いような。

娘の成長とともにたまには娘を母にあずけ、息子とふたりっきりで出かけてみました。すると、いつもは抱っこなんて言わない息子がベッタリ。それ以来、パパと妹の目がないときには我慢せずに甘えてくるようになりました。私もなんだかホッとして、そんな時間を大切にしようと思っています。

ふたりで鳥の動物園へ。自宅へ帰れば、息子も私も落ち着いて日常へと戻っていきます。

Part 4
することを選び取る時間の使い方

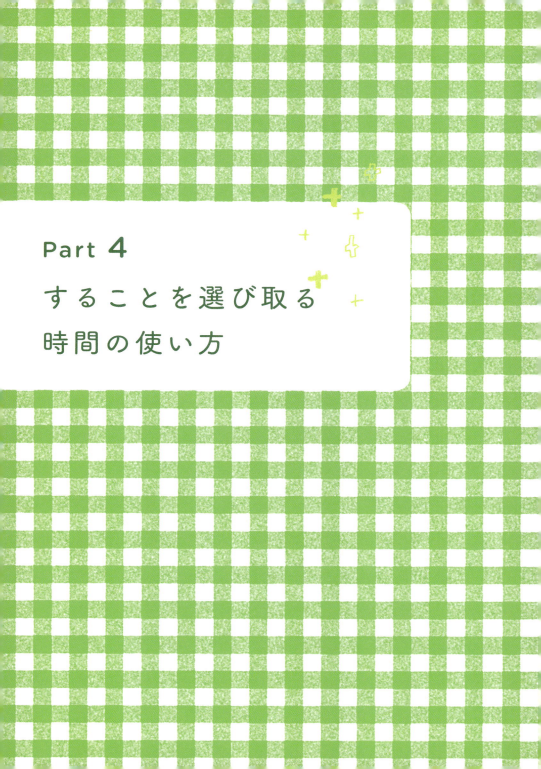

働き始めて変わったこと 家事の取捨選択

娘が幼稚園に上がったタイミングで、以前働いていた会社にパートタイマーとして再びお世話になることに。基本的には週に4日、14時までのシフトです。以前と同じ会社で、同じ職種で働けることはとてもありがたく、やりがいも感じています。ただ、それだけに同じだけの働きを期待され、最近では18時近くまで会社にいることも。ほぼフルタイムと変わらない状態になっています。

加えて今では、シフトのない日は掃除収納アドバイザーとしての仕事もあります。連載の執筆、セミナー講師としての仕事や、テレビ撮影のため遠方への出張も。忙しいのは感謝すべきことだと思います。でも、1日は24時間。仕事に費やされる時間の代わりに、できなくなることも当然あります。家のことに関して、やり方を変えたり、やることを選び取ったりする必要が出てきました。

「本当に必要」を選び取る

以前は、家事を「毎日すること」「週ごとにすること」「月に一度すること」

と分けてリスト化していました。見えることで安心感や達成感もありました。でも、今の暮らしになってから、この家事のチェックリストを見ない日が長く続き、リストを作り変えようかと思いましたが、その作り直す時間すらとることができませんでした。そこで決めたのは、「もういいや。リストは作らない」ということ。「リストを作る」「リストをチェックして実行する」というふたつの仕事を手放しました。

家事は追求すればするだけ、どこまでも何かしらやることが見つかり終わりがありません。「あれこれあるけれど、今必要なことは何か」を選び、短時間ですませる〝家事の取捨選択〟。「ものはこれくらいあれば十分」という感覚と同じように、「家事はこれだけできたら十分」と自分で決めます。何事についても自分にとっての「ちょうどよい」を知ることができたら、日々の心地よい暮らしにつながるような気がします。私に外の仕事が増えてきたのは、「あれもしたい、これもしたい」と家事追求の心に火がつき始めていた矢先でした。暮らしのスタイルを見直すきっかけがあったことは、自分にとってよかったことなのかもしれないと、今では感じています。

理想を追えばキリがありませんが、10の暮らしがあれば10の家事の在り方がある。そのとき、その家の暮らしに合った「家事」を育てていければいいと思うのです。

ノートに書くこと

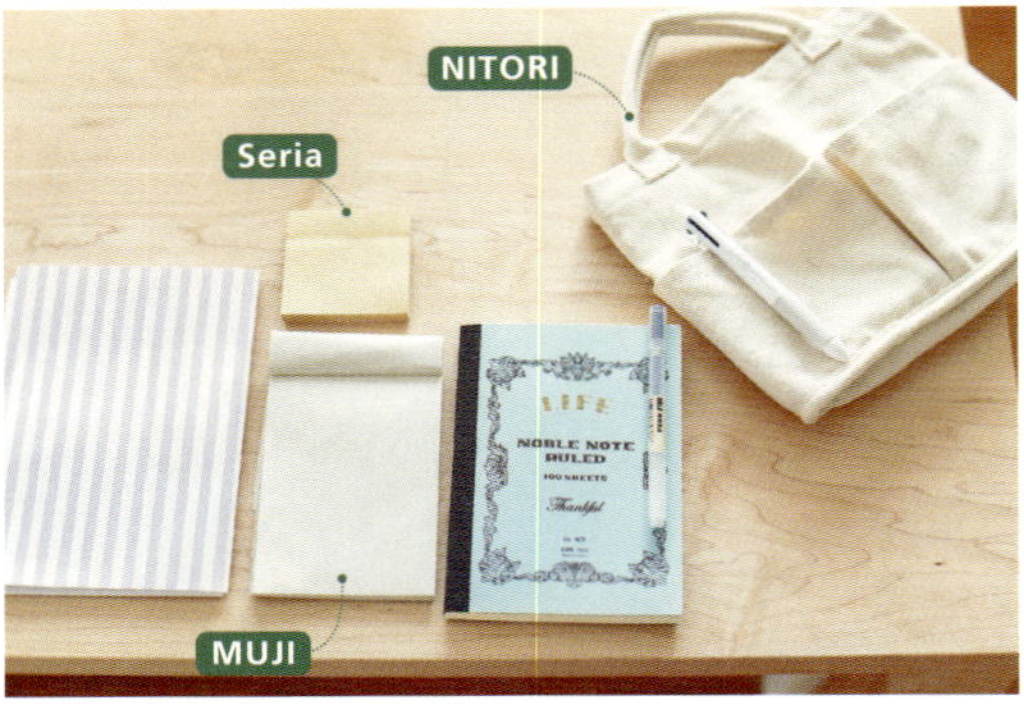

テーブル脇のつっぱり棒にかけているノートの入ったベジバッグ。ノートは左から、「思いついたこと何でもノート」「ToDoメモ」「感謝ノート」。

家事のリストはなくしましたが、月初めになると「今月やりたいこと」をつらつらとノートに書き出しています。箇条書きだったり、図だけだったりと、自由なメモです。お母さんの頭の中はいつも、家事育児仕事家族のことでいっぱい。情報だらけでギュウギュウの満員電車のようですよね。書くことで、それらを少し紙の上に下車させて、次の駅に出発！という気持ちになれるのです。

そのノートには「やりたいこと」だけでなく、思いついたことは何でも綴ります。人に話すための要点を書いたり、「これが面倒」と思うことを書いてみたり。すると、その後に役立つヒントが生まれることもあります。気になっていることに共通点があることに気づいて解決に向けて動き出せたり、何に興味を持っているのかが明確になって新しいことを始めるきっかけになったり。頭の中を紙に書き出すことの力を実感しています。

寝る前は、明日の「ＴｏＤｏリスト」を書いています。今はスマホでスケジュール管理されている方も多いと思います。わが家も夫婦で共有できるスケジュール管理アプリを使っていますが、ＴｏＤｏリストなどは実際に手を動

かして書いたほうがより頭が整理されてくるのを感じます。

感謝ノート

自分のまわりで起こった感謝したいことを綴る「感謝ノート」をつけています。どんな些細なことでもよくて、たとえば「スーパーの店員さんが親切だった」「お皿を洗うとき水が冷たくて気持ちよかった」なんていうこと。飛ぶように過ぎていく日々の中では、注目しないとせっかくの小さな幸せに気づくことができません。感謝ノートをつけることで、幸せを実感することができ、疲れてため息が出るような日でも「こんなにいいことあったんだ！」と気持ちが明るいほうを向いてくれます。

家族がくれたうれしい気持ちも、ここに綴ります。するとその気持ちが心にたまり、「今日は息子にゲームのやりすぎで怒ってしまったけれど、昨日は心のこもったお手紙をくれたなぁ。とても温かい文章が書ける子なんだ」なんて、子どもを見る目がよりよいほうへ。夫に対しても「あれを言われて嫌だったけど、いつも空港に迎えに来てくれる」など、感謝の気持ちを大きくすることができます。うれしかったことのカケラを拾い集めて大事に残すことで、日々のできごとに前向きに接することができる気がします。

うっかり母さんの朝の工夫

毎朝5時〜5時半には起きていますが、決して早起きが得意というわけではなく、むしろ苦手です。

寒い冬場は温かい米麹の甘酒を飲んでから1日のスタート。その後はスキンケア、洗面所掃除、トイレ掃除。次第にお母さんスイッチをオンにしていきます。寝起きのぼ〜っとした頭でいきなり料理など刃物を使う作業は危険なので、これらは朝の家事というより、キッチンに立つまでの準備体操といった感じです。

甘酒はヨーグルトメーカーで作っています。ごはん150g、乾燥米麹100g、熱湯120ml、ぬるま湯80mlをよく混ぜ合わせてヨーグルトメーカーへ。そのまま冷蔵もできますが、製氷皿で冷凍保存しておくと便利。夏場は冷たくしてもおいしいです。

手作り甘酒は、産後に体調を崩したときに始めました。甘酒を飲むようになってから、風邪をひきにくくなった気がします。もうひとつお気に入りの飲み物は、温めた豆乳にハトムギ粉を溶かしていただく「ハトムギ豆乳」。これで肌荒れが改善されました。おすすめです。

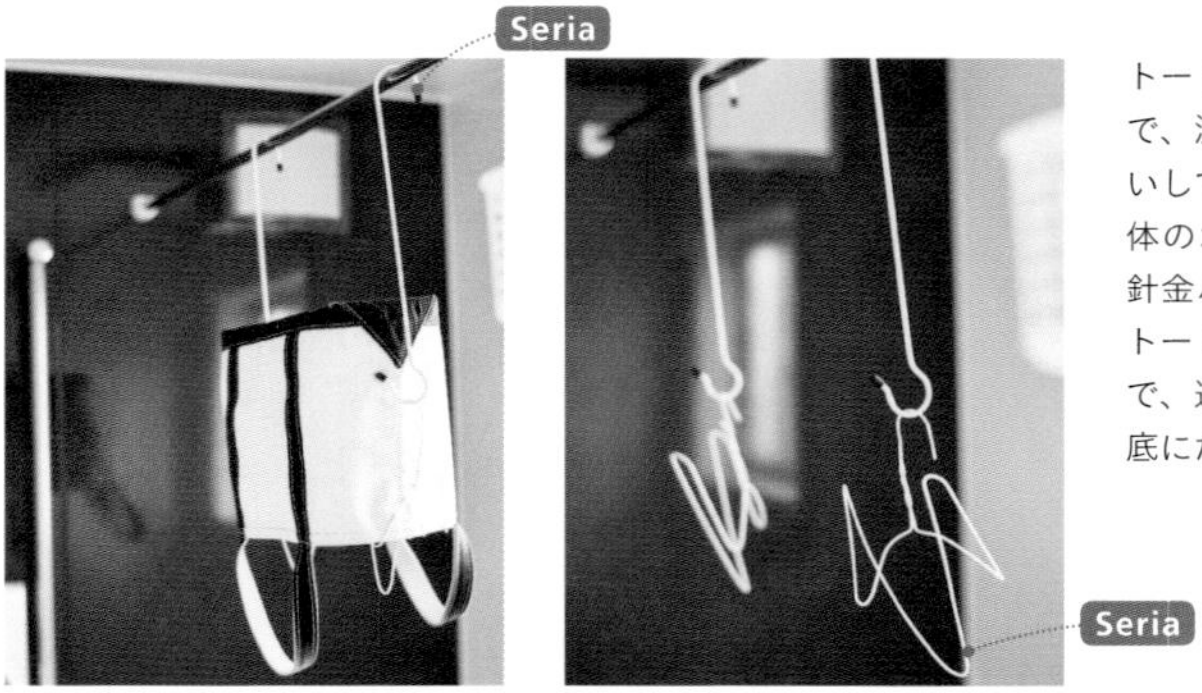

トートバッグは型崩れが心配なので、洗濯せっけんとブラシで手洗いしています。乾いたタオルで全体の水気を吸い取り、変形した針金ハンガーにかけて干します。トートバッグは底の部分が厚いので、逆さまに干したほうが水分が底にたまらず早く乾きます。

朝、最も忙しいのが台所仕事です。そんなときに着替えでぐずり出す娘……時間になってもなかなか起きてこない夫を横目に、追い詰められる朝。ピリピリモードになる危険はお母さん〝あるある〟なので、朝のために夜やっておくことがいくつかできました。

まず、洗濯です。汚れた衣類をその日のうちにお風呂の温かい残り湯で洗ったほうが汚れ落ちもよく、節水になります。みそ汁作りも夜のうちに仕込みをしておきます。夕食の後片づけのついでに冷凍してあるみそ汁用野菜ミックスを煮ておき、朝は温めてみそを溶くだけに。お米も夜に洗って冷蔵庫に入れておけば、朝は浸水時間なしですぐにシャスールの鍋に入れて炊けます。

朝ごはんはパターン化しています。悩ましいお弁当のおかずも、主菜を前日に決めておくことでスムーズになりました。

こんなふうに書くと、まるで「準備万端なしっかり者」のようですが、私は自他ともに認める「うっかり者」。昔からの友人には「ふたりのお母さんができているなんて信じられない！」と驚かれるくらいなので、お母さんになってからの朝は最も苦手で怖い時間でした。

うっかり予防線を張りめぐらせ、慌ただしい朝も笑顔で家族を送り出せるように心がけています。

「うっかり忘れ」を防ぐ工夫

夫宛てに来た書類は、わかりやすいように夫のかばんかけの横に吊るして。毎日さまざまな紙モノが家の中に入ってくるので、夫が自然に気づくように。

郵便物を玄関ドア横のフックに吊り下げています。ドアを開けるときに目に入れば、かばんの中に入れて出し忘れ防止に。夫が気づいて出してくれるときもあります。

子どもとお出かけするときに持つポーチ。絆創膏や傷薬、パストリーゼのスプレー、子ども用マスクなど、いざという時に役立ちます。ゴミ袋、スタイ、図書館のスタンプカードもここに。

子どもたちの母子手帳、お薬手帳、診察券、保険証とこども医療費受給資格証は、ポーチの中にひとまとめに。忘れ物を防ぎ、夫や祖母でもポーチさえ持てば病院へ連れて行くことができます。

私の家計管理法

家計簿は、細かく時間をかけてつけるより、忙しいときでも挫折せずに続けられることのほうが大事なのではと思います。月単位や年単位で、わが家のお金の流れを把握しておくことが目的です。

私の現在の家計簿は、とても簡単なスタイルです。やり方は、買い物をしたレシートを、レシートフォルダ（「食費」「外食費」「日用品」「服飾」の項目に分類してある）にポイポイ入れ、半月から1か月分ほどたまったら、項目ごとの合計金額をエクセルに入力するだけ。各項目の合計を出していくだけなので、このやり方で負担を感じたことはありません。

財布の中にも、お金の流れがわかるようにするための工夫をしています。レシートフォルダと同じ「食費」「外食費」「日用品」「服飾」の4つの項目を記した紙の仕切りを札入れに入れ、1週間分のそれぞれの予算を分けて入れておきます。すると、財布の中で実感を伴いながら、一定の期間でどれくらいのお金が出ていくのかを把握できます。私にとってこのやり方は、管理自体がつらくならない、ほどよい家計管理法で、子どもが生まれてからずっと続けています。

レシートは財布から出して、項目別にハイタイド レシートフォルダに保管。財布の中は、フェリシモの紙の仕切りで分けて。

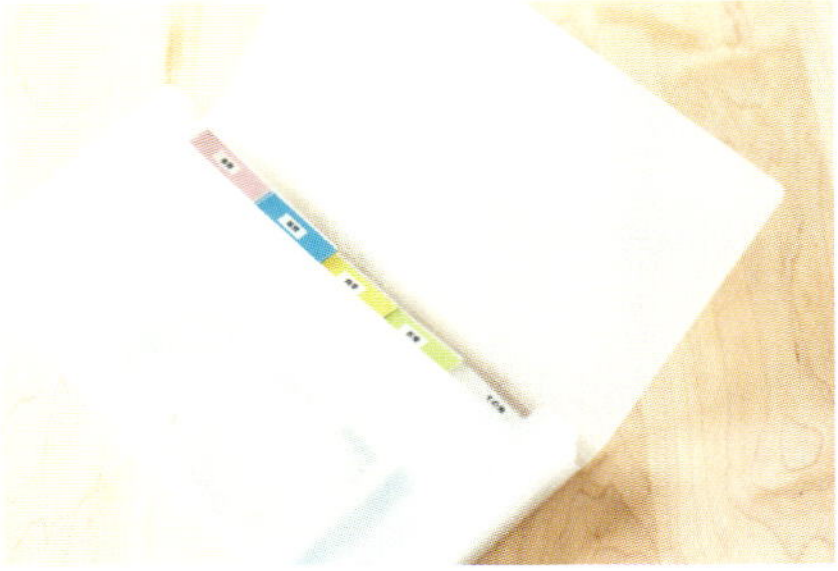

銀行から1か月分の予算を下ろしてきて、分類できるファイルケースに保管。ここから1週間分ずつの予算を財布に移します。

小2の夏休みに、初めてお風呂洗いの担当になってくれました。成長を感じるひととき。

子どもがやりたがったらさせてみる

息子も娘も3歳くらいになると、フローリングワイパーや食器ふきなど簡単なお手伝いをしてくれるようになりました。時には、一緒に料理をすることもあります。「こぼすんじゃないかな」「やったことがないから危ないかな」と思ったりもするけれど、注意深く見守りながら、なるべく手を出さないように。時間と心にゆとりがないときは難しいですが、できるだけ子どもの「やりたい」には応えるようにと思っています。こぼしてしまうのも経験だし、誰にだって初めてのときはあります。

子どもに何かを手伝ってほしいときは、「しなさい」と言うより、「大変だなあ、手伝ってもらえたらうれしいな」という声がけをすると助けてくれます。毎日決まった時間に同じお手伝いをというわけではなく、タイミングが合うときにお願いしています。

子どもが家事に関わることは、とてもいいことだと感じています。夫は大人ですが、私が出産で里帰りをしているときに家事に困ってSOSを求めてきました。少しあきれもしましたが、本当に困っている夫を見て思ったのは「家事を教えておかないと、本人が困る」ということ。

九州という土地柄もあるのか、母や祖母の時代には〝家事は女の仕事〟という考え方が根強くありました。けれどこれからは、男女を区別することなく、家事ができるように育ててあげたい。男の子だって一人暮らしもするし、結婚した後夫婦で協力して暮らしていくことはとても大切なことですね。

休みの日には、カレーを作ってくれることも。すべて自分でできると息子もうれしそう。

子どもに自分用のレシピノートを持たせています。自分なりに料理の手順やコツ、ポイントなどを書くことで、自信がついたよう。

自分のレシピノートを作っています！

水筒が必要なときは、各自冷蔵庫から麦茶を出してきて自分で注ぎます。

特別な予定は立てずに子どもと遊ぶ

「どこかイベントに連れて行く」などの特別な予定を立てなくても、子どもは日常のさまざまなことを楽しいイベントに変えてしまう天才だなぁと思います。

たとえば普段のおしゃべりでも、たとえ話をおもしろくしてみたり、暮らしの音を、ちょっと変わった効果音に言い換えてみたり。大人になるにつれて抱くようになった「恥ずかしい」という感情を手放して思いっきり子どもと一緒に遊ぶと、日常の中にとても豊かで楽しい時間があることに気づきます。自分も子どもに戻って、一緒にもう一度楽しいことを経験しているような感覚です。

子連れでお出かけをすると、予定通りにいかないことばかりで最初はため息の連続でした。でも、寄り道をして予定通りにいかなかったお出かけには、いつも見ていた公園を違う場所から見たら全然違った景色だったんだなとか、新鮮な発見があったりします。日々振りまわされていますが、そんな日々もきっとあっという間なんだろうなぁと思います。

子どものすることは想定外のことばかりですが、それが楽しかったりもします。本当にいけないことをしたときはきちんと教えようと思いますが、だいたいのことは気楽に見守って。親がピリピリしすぎるより、ニコニコしていたほうが、子どもは悪さをしないような気がしています。

とは言うものの、いつもニコニコしていられないからお母さんは大変なんですよね。自分を振り返っても、イライラしては自分に落ち込み、子どもに謝り、の繰り返し。それを懲りることなく、延々と繰り返しながら、日々子どもからいろんなことを教わっています。

［おもしろい効果音遊び］

テレビ（生き物の番組など）や暮らしの動作、車が行き交う街の風景に子どもが笑える「ぶふぉーん」「ずずーん」「ぷりぷり」「へにょへにょ〜ん」などをあててみると喜びます。

［箱の中は何？クイズ］

空いたダンボールに手の入るくらいの穴を開け、くだもの、風船、ペットボトルなどを入れて当てっこするゲーム。保冷剤など冷たいものを入れると、キャーキャー騒いで楽しそうです。

［雨の日だけど散歩してみる］

小雨くらいならカッパを着て、傘をさしてすぐ近くの公園へ。雨の日は景色も音も違います。午後から行くことが多く、水たまりで遊ぶこともあり、お風呂の準備をしておき帰ったらお風呂へ直行。

パパの意見とママの意見

子育てに関する考え方が、夫とあまりに違いすぎるのでは?と悩んだことがありました。夫はとにかく子どもを甘やかしません。会話が少なく、スキンシップもあまりとりません。私にとっては「そんなに怒ること?」と思うようなこともありました。その結果、子どもたちはふたりとも私にベッタリに。夫に任せて外出するようなことも難しく、一時は困り果てました。

現状は今も変わらないところもありますが、私の心境に変化が出始めたのは、夫婦ふたりだけで会話をする時間を持つようにしてからのこと。子どもたちが寝た後の時間に、ながら会話ではなく、家事やスマホの手を止めて、ふたりで会話を楽しむ時間を作りました。

お気に入りのカフェでお茶をしながら、時間を忘れておしゃべりした子どもが生まれる前のあの頃。当時の雰囲気を出したくて、お茶にちょっとした手作りお菓子を添えて、照明を少し落としてキャンドルを灯し、落ち着いたBGMもかけて。さんざん見慣れたわが家でも、日常の慌ただしさをふと忘れることができるように。夜のおうちカフェ開店です。

夫は喜んでくれて、いろんな話ができました。子どもについて話すうち気づいたのは、私も無意識のうちに、自分の考え方を押しつけていたということです。もしかして子どもに愛情がないのでは……なんて思ってしまったこともありましたが、夫は父親として、「自分を甘やかすことなく、信念を持ち、責任感のある強い男に育ってほしい」という意志を持ち、真剣に子どもに向き合ってくれていました。息子は「パパは顔がいつも怖い～」と言っていましたが、夫を尊敬しているのは見ていてわかりました。

私は、そんなパパだからこそ、たまには甘やかしてくれたり、抱きしめてくれたりしたら、もっと気持ちが伝わるのではないかと話しました。そして、パパが怒ったときは私が抱きしめて許す、私がピリピリしたときにはパパが慰める。どちらかが必ず子どもを包み込もうという、夫婦のルールを設けることができました。

以前に比べて、夫が大きな声で子どもを叱ることが減りました。スキンシップが増え、私に余裕のないときは子どもの気持ちをちゃんと聞いてくれています。

ふたりの子どもだから、ふたりの想いがきちんと子どもたちに届けられるように。夫の父親としての気持ちを共有し、寄り添って話し合うことのできるパートナーでありたいと強く思ったできごとでした。

お母さんと社会のつながり

息子を妊娠したことをきっかけに、会社を退職しました。退職後は職場の方たちと連絡を取り合ったり、久しぶりに友だちと食事をしたり、充実した日々を送ることができました。まさか、産後にこんな「孤独」を味わうなんて思いもせずに。

というのも、子どもが生まれてから、友だちとの会話を楽しめなくなってしまったのです。気軽に出かけることもままならない日々の中で、やっとの思いで会っても、子どもがまだいなかった友人たちとの会話の端々に距離のようなものを感じていました。

一方で、地域の子育てセンターに行くと、同じように子育てをしているお母さんたちや、同じ年くらいの子どもたちの遊ぶ姿がありました。楽しそうな輪に私も入りたい……でも、話しかけたら迷惑かもしれないなどと考えて、気軽に輪の中へ入っていくことができませんでした。

そのうち「ママ友をつくらなきゃ。子どもにお友だちをつくらなきゃ」と、だんだん義務のように感じ始め、ママサークルや子どもイベントなどあちこち

に足を運ぶように。でも、なんだかぐったりと疲れてしまい、子どもにお友だちをつくってあげられない申し訳なさばかりがふくらんでいきました。追い打ちをかけるように、人見知りが出てきた息子を見た叔父から「もっと友だちと遊ばせなきゃ」と指摘され、自分を責める気持ちばかりが募っていきました。

「ママ友をつくらなきゃ」と悩むお母さんはたくさんいらっしゃると思います。そこを通った者として思うのは、お母さんががんばらなくても、いずれ子どもは自分で友だちをつくるから大丈夫、ということ。そしてお母さんも子どもの成長とともに社会とのつながりが増え、自然と気の合う人に出会えるということです。

今思えば、昔の友だちと話が合わなくなることをさみしがる必要もなければ、人に言われたことを気にする必要もなかった。環境が変われば友だちと話が合わなくなるのは自然なことだし、息子の人見知りは成長過程。すべて時間が解決してくれました。

今、私は気のおけないママ友だちと家でお茶をしています。子どもが小さいうちはカフェより家のほうがゆっくり話せて、自然体で過ごせます。そんなお茶時間には、解凍してパッと出せる簡単な手作り焼き菓子を用意します。市販のお菓子もいいけれど、焼きたてのお菓子はみんなとても喜んでくれます。手作りおやつは、日常の中でも非日常を感じることのできる、特別なお楽しみ。

簡単手作りおやつ

レンジで2分！

ココアクッキー

材料

小麦粉…100 g
砂糖…30 g
ココアパウダー…30 g
米油(オリーブオイルでも)
…60 g

作り方

1. すべての材料をボウルに入れてよく混ぜ合わせ、平らに伸ばして型で抜く。
2. 耐熱皿にクッキングシートを敷いて電子レンジ（500 W）に入れ、2 分程度加熱したらできあがり（時間はレンジにより調節してください）。

クランブルがおいしい

さつまいものチーズスティック

材料

さつまいも…200 g
クリームチーズ…200 g
卵…1 個
砂糖…70 g
牛乳…200ml
小麦粉…20 g

◎クランブル
小麦粉…100 g
砂糖…20 g
菜種油……10 g

作り方

1. さつまいもは皮をむいて適当な大きさに切り、耐熱ボウルに入れてふんわりラップをかけて電子レンジ（500 W）で 6 分加熱し、やわらかくする。すりつぶして冷ましておく。
2. 常温のクリームチーズ、卵、砂糖、牛乳をボウルに入れて泡だて器でよく混ぜ合わせ、1. のさつまいもを加えてさらによく混ぜる。
3. 小麦粉を振り入れてゴムベラで混ぜ、型に入れて 170 度に予熱したオーブンで 20 分ほど焼き、生地が少し固まったら、一度オーブンから取り出す。クランブル（材料を指先でよく混ぜ、そぼろ状にしておく）をのせ、再びオーブンで 25 分ほど焼いたらできあがり。

サクサク食感

黒ごまクッキー

材料

小麦粉……100 g
片栗粉……60 g
メープルシロップ
……80 g
菜種油…40 g
黒ごま……大さじ 2

作り方

1. すべての材料をボウルに入れてよく混ぜ合わせ、2mm ほどの厚さに伸ばして四角く切る。
2. 150 度に予熱したオーブンで 30 分ほど焼いたらできあがり。

作りおきの砂糖煮を使って

くだもののパイ

材料

くだものの砂糖煮…適量
冷凍パイシート…適量
(お好みで) バニラアイス…適量

作り方

1. 好きなくだものが安いときに多めに買って砂糖で煮て冷凍しておく (a)。
2. 市販の冷凍パイシートを四角く形作り、解凍したくだものの砂糖煮をのせて、細く切ったパイシートで格子状にフタをする (b)。180度に予熱したオーブンで40分ほど焼き、バニラアイスを添えていただく。

b

a

くるみをたっぷりのせて

ホワイトチョコのブラウニー

材料

ホワイトチョコレート…130g
牛乳…130ml
砂糖…80g
くるみ…適量
小麦粉…120g
ベーキングパウダー…8g

作り方

1. くるみは刻んでアルミホイルに広げてオーブントースターで1分温める。
2. 砕いたホワイトチョコレートと牛乳を耐熱ボウルに入れ、ふんわりラップをして電子レンジ (600W) へ。20秒くらいずつ、混ぜながらチョコが溶けるまで加熱する。
3. 2. に砂糖とくるみを加え、小麦粉とベーキングパウダーをふるい入れ、さっくり混ぜ合わせる。型に入れて180度に予熱したオーブンで20分ほど焼いたらできあがり。

おから入りでヘルシーに

ヨーグルトりんごケーキ

材料

りんご…1個
ヨーグルト…230g
おから…100g
砂糖……70g
卵…2個
ベーキングパウダー…8g
(好みで)シナモン……適量

作り方

1. りんご以外の材料をボウルに入れてゴムベラで混ぜ合わせる。
2. りんごはくし切りにし、半分は飾り用に5mm厚さに切る。残りは細かく刻んで1. のボウルへ。よく混ぜ合わせる。
3. 型に入れて上にりんごをのせ、180度に予熱したオーブンで40分ほど焼く。好みでシナモンを振りかけてどうぞ。

靴箱の上には香水を置き、気分によってつけて出かけます。左はホワイトセージの練り香水（アロマレコルト）。ホワイトセージには悪いものを遠ざけるおまじない的な要素も。つけると少し心強い。右はshiro オードパルファン サボン。せっけんのやさしい香りでお母さんにもおすすめです。

音と香りで気持ちを切り替える

長い時間を部屋の中で過ごしていた専業主婦時代。少しでも楽しい気分でいるために、部屋着に気をつかってみたり、花を活けたり、コーヒーをいれたり、好きなポストカードを飾ったり、いろいろ試しました。中でも私が一番気に入って続けているのは、香りとＢＧＭです。香りと音には、部屋の空気感を一変する力があるように思います。外へ出かけなくても、いい気分転換になります。

アロマオイルやお香、アロマキャンドルは、いくつか種類を揃えています。お気に入りの香りは、ラベンダー、ユーカリラディアータ、ティーツリー、ハッカ。枕が変わると眠れない質なので、出張で外泊するときはアロマセットをかばんに入れて。リラックスできるラベンダーやユーカリなどをホテルの部屋で使用できる無印良品の携帯用アロマディフューザーにはとても救われています。

ＢＧＭは、音楽はもちろん、映画のときもあります。『愛を積むひと』『（５００）日のサマー』『今度は愛妻家』『アバウト・タイム』などお気に入りの映画をＢＧＭ代わりに繰り返し楽しんでいます。

夜、暮らしの音だけに耳を傾けて過ごすのも、私のリラックス法です。

キャンドルの灯りが好きなのと、香りの広がり方がちょうどよくて、MARKS＆WEBのキャンドウウォーマーを愛用しています。

キッチンとダイニングを隔てるカウンター下に、アロマ関連のグッズを。さわやかなユーカリラディアータが大のお気に入り。気管支や鼻かぜにもよいとされています。

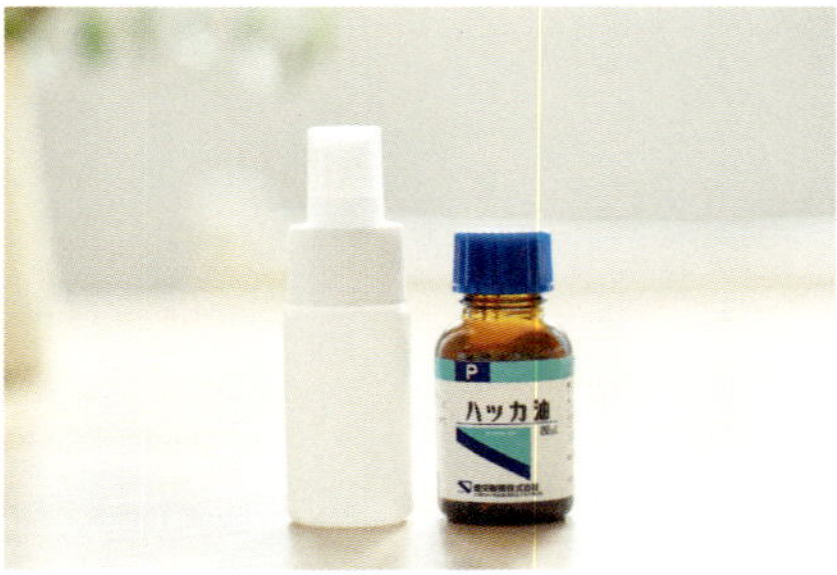

夏場は虫よけもバッグの中に常備。パストリーゼとハッカ油の手作り虫よけスプレーを使っています。

子どもとお出かけバッグの中身

学生時代、修学旅行に行くときは、私のことはもちろん私のまわりにいる友だちのことも考えて、母はあれこれ持ち物を気にかけてくれました。パンパンになった旅行かばんを抱えて行く旅先では、いつも誰かの助けになれました。

去年、福岡住まいの私にはずいぶん遠出となるディズニーランドへの旅行を、家族ぐるみで仲良くしているママ友だちと計画しました。子どもたちは、みんなで一緒にディズニーランドに行けて大はしゃぎ。ディズニーランドに詳しい友だちに案内してもらって楽しく過ごすことができました。私にできた手助けは、友だちが困っているときにパンパンのリュックの中から必要なものをサッと出すことでした。

整理整頓ができるようになると持ち物が軽量化される、と聞いたことがありますが、私のバッグには、昔も今も変わらずいろいろなものが入っています。必要なものを整理整頓して、探しやすく取り出しやすいように。中身が見えてわかりやすいメッシュポーチにまとめるのがおすすめです。備えがあれば、持ち物の軽量化はまだ遠くても、お母さんの気持ちは軽くなるはず。

いつも持ち歩くリュックには、左上から「充電器やイヤホン」「ウェットシートや裁縫道具」「絆創膏などのキッズポーチ」「マスク」「メイクポーチ」「エコバッグ大小」「ティッシュ」「薬ポーチ」「キーケース」「財布」「メガネケース」。

ホテルに置いておくキャリーケースには、左上から「休足時間」「アロマデフューザー」「アロマグッズ」「レトルト食品とお箸」「お風呂セット」「母子手帳やお薬手帳」「メイクポーチ」「子どもの服」「自分の服」。服は1日分ずつ分けてセリアの逆止弁付き圧縮袋に。

家事が苦手だった私なりの決意表明

私がインスタグラムを始めたのは5年前、友人の影響でした。彼女は料理教室を開いていて、いつもインスタグラムに料理写真をアップしていました。センスがよく、食器の使い方も素敵で、料理に対する思いも素晴らしく、それらが写真によく表れていました。私も友人を見習いながら、料理写真をアップするように。友人のおかげで料理への向き合い方が変わりました。

結婚してから料理をするようになった私は、毎日「おいしくて」「体によくて」「家族の気持ちが明るくなるような」食卓をつくるにはどうしたらいいのだろう?と迷い試行錯誤する日々でした。友人の料理教室とインスタグラムのおかげで、その試行錯誤を楽しむことができましたし、成長のスピードもつけてもらった気がします。

そのうち、投稿は料理だけでなく「家事」へも広がっていきました。薬箱の中身を見直した後に、その写真を投稿。すると、料理の写真を通じてつながっていた人たちの興味関心と合ったようです。彼女たちの中には料理だけでなく、家事にまつわるさまざまなことに関心が高い方もいらっしゃいました。コメン

ト欄がにぎわい、情報交換や励ましの言葉が並びました。そのうち掃除の工夫を載せるようになったら、「ほったらかしてサボれる技」だから真似したいというお声をいただくように。「みんなサボりたいんだなあ」と、ホッと肩の力が抜けたりもして。

今でこそ「家事テク」として取材していただくこともありますが、私がインスタグラムに投稿してきたのは、あくまでも「できない私なりの工夫」であり、決意表明です。特別見せたいような風景ではない掃除の様子や収納を、「いい感じ」に撮って投稿するのは、苦手なことを「好き」に変えていくひとつのきっかけです。投稿して反応をいただくことで、苦手でもまず私が心地よいと思うやり方を目指せばいいんだという、前向きな気持ちをもらうことができました。

テレビや新聞で「写真に残したいくらい家事を愛してやまないスーパー主婦」と取り上げていただいたとき、なんとも複雑な心境になりました。「スーパー主婦」というのは、まわりに宣言しなくてもきちんと部屋を美しくできる、母や祖母のような人を呼ぶのでしょう。

もともとは苦手だったからこそわかることがある。寄り添って、誰かの背中を押せることもあるのではないか……そんな気持ちが人前に出るのが苦手だった私自身の背中も押してくれるようになりました。

今できることをひとつずつ

子どもとの暮らしはにぎやかで、家を整えても整えても、予測不可能なことが次々に起きて、計画通りにはいきません。「あれ？　もっとほかにやっておくことがあったんじゃない？」「私、もの忘れがひどすぎない？」なんて、気持ちが休まらなかったり、プレッシャーをずっしりと重く感じたりする日もあります。以前の私は真面目にそれらを捉えすぎて、マイナスの感情が積み重なり、心も体も疲れ果ててしまっていました。

そんな私もだんだんと、起きたことを都合よく解釈することを覚え、心の逃げ道を作ることができるようになってきました。〝逃げ道〟、これが実は、お母さんには一番大切なのだと思います。

たとえば、晩ごはんの用意ができずにお総菜を買ってきた日は、「今日は忙しかったから、自分がいっぱいいっぱいになる前にお総菜に頼ることができました。みんなで笑顔で食卓を囲めて、よかったよかった」。

山積みの食器を洗わないまま寝てしまったら、「子どもと一緒に思う存分熟睡できたから、また明日はがんばれそう」。

急いでいて、つい子どもにイライラした言い方をしてしまったら、「私も人間、イライラすることもある。でも、ちゃんと子どもにごめんねを伝えることができました」というように。

子育てをしていると、思うようにいかず、いったいこれでよかったのだろうかという壁に何度もぶち当たります。

「人生笑ったもの勝ちやん！」というのは同じ年のママ友だちの言葉。

何があっても、最終的に子どもと笑い合えていたなら、それでいいと思います。

目指したいのは、小さなことを積み重ねていく暮らし。いいときも悪いときも、今起こっている「目の前にあること」をひとつ、ひとつ。

おさよさん

福岡県在住。整理収納アドバイザー、整理収納教育士、掃除能力検定士、片づけ遊び指導士認定講師。9歳の男の子と6歳の女の子、2児の母。簡単な掃除や収納方法を紹介するインスタグラムが人気となり、「スッキリ」（日本テレビ系）の人気コーナー「収納のおさよさん」に出演。子育て中の夫婦や子ども向けの片づけセミナー講師としても活動している。著書に『おさよさんの無理なくつづく家事ぐせ』（主婦の友社）、『スッキリ公式本 収納のおさよさんが教えるキレイが続く片づけ』（セブン＆アイ出版）がある。

[Instagram] @osayosan34

[blog] https://ameblo.jp/osayosan34/

ブックデザイン　後藤美奈子

撮影　林ひろし、おさよさん

執筆協力　矢島 史

編集担当　八木麻里

おさよさん流《りゅう》

がんばらなくてもキレイが続《つづ》く

家《か》事《じ》のくふう

2019年3月2日　初版第1刷発行

著　者　おさよさん

発行者　小川 淳

発行所　SBクリエイティブ株式会社

〒106-0032 東京都港区六本木2-4-5

電話 03-5549-1201（営業部）

印刷・製本　萩原印刷株式会社

ISBN978-4-7973-8930-2